BEI GRIN MACHT SICH IHR WISSEN BEZAHLT

- Wir veröffentlichen Ihre Hausarbeit,
  Bachelor- und Masterarbeit

- Ihr eigenes eBook und Buch -
  weltweit in allen wichtigen Shops

- Verdienen Sie an jedem Verkauf

Jetzt bei www.GRIN.com hochladen und kostenlos publizieren

Bibliografische Information der Deutschen Nationalbibliothek:

Die Deutsche Bibliothek verzeichnet diese Publikation in der Deutschen National-bibliografie; detaillierte bibliografische Daten sind im Internet über http://dnb.d-nb.de/ abrufbar.

Dieses Werk sowie alle darin enthaltenen einzelnen Beiträge und Abbildungen sind urheberrechtlich geschützt. Jede Verwertung, die nicht ausdrücklich vom Urheberrechtsschutz zugelassen ist, bedarf der vorherigen Zustimmung des Verlages. Das gilt insbesondere für Vervielfältigungen, Bearbeitungen, Übersetzungen, Mikroverfilmungen, Auswertungen durch Datenbanken und für die Einspeicherung und Verarbeitung in elektronische Systeme. Alle Rechte, auch die des auszugsweisen Nachdrucks, der fotomechanischen Wiedergabe (einschließlich Mikrokopie) sowie der Auswertung durch Datenbanken oder ähnliche Einrichtungen, vorbehalten.

Impressum:

Copyright © 2017 GRIN Verlag
Druck und Bindung: Books on Demand GmbH, Norderstedt Germany
ISBN: 9783668677852

Dieses Buch bei GRIN:

https://www.grin.com/document/416906

Markus Haack

Die Entwicklung von Führungsleitlinien für Universitäten am Beispiel der Johannes Gutenberg-Universität Mainz

GRIN Verlag

GRIN - Your knowledge has value

Der GRIN Verlag publiziert seit 1998 wissenschaftliche Arbeiten von Studenten, Hochschullehrern und anderen Akademikern als eBook und gedrucktes Buch. Die Verlagswebsite www.grin.com ist die ideale Plattform zur Veröffentlichung von Hausarbeiten, Abschlussarbeiten, wissenschaftlichen Aufsätzen, Dissertationen und Fachbüchern.

Dr. Markus Haack, Geschäftsführer SFB TRR 146, Universität Mainz

MPA 2016-2018

Managementmodul II

Hausarbeit

Die Entwicklung von Führungsleitlinien für Universitäten am Beispiel der Johannes Gutenberg-Universität Mainz.

Juni 2017

Inhalt

1. Einführung in die Themenstellung

„The university has moved much closer to an industrial pattern of organisation with senior management teams and strategic plans." (Gibbons et al. 1994: S. 82)

Der von Gibbons et al. angesprochene Entwicklungstrend einer „managerial revolution [...] throughout higher education" (ebd.) hatte seinen Ausgangspunkt bereits vor Jahrzehnten in den USA und im angelsächsischen Raum. Auch an deutschen Universitäten findet er zunehmend seinen Niederschlag. Gesellschaftliche und politische Veränderungen im Umfeld der Hochschulландschaft sowie eine zuvor „nicht erwartete[] Expansion der Hochschulen" (Heinrichs 2010: S. 6) bringen für Universitäten im Wettbewerb um finanzielle und personelle Ressourcen ein „wachsendes Problem der Kosten und [...] ständigen Unterfinanzierung" (ebd.) mit sich. Es ergibt sich für Hochschulen zudem zunehmend die Notwendigkeit der Legitimation ihres Handelns im Hinblick auf ihren gesellschaftlichen Nutzen. Die Antwort darauf ist u.a. eine „verstärkte Leistungs- und Wirkungsorientierung der Steuerung" (Schedler; Proeller 2003: S. 230) innerhalb von Hochschulen. Es finden betriebswirtschaftliche Konzepte Anwendung, die im Handeln von marktwirtschaftlich orientierten Unternehmen bereits lange fest verankert sind. Im Zuge dessen haben sich neue Berufsbilder wie das des Wissenschaftsmanagers herausgebildet und es werden an Hochschulen Führungsleitlinien entwickelt. So ist dies auch an der Johannes Gutenberg-Universität in Mainz (im Folgenden JGU) geschehen, die exemplarisch im Fokus dieser Arbeit stehen soll. Bei allem Willen zur Veränderung darf allerdings „das Trennende [...] zwischen dem Management in Wirtschaftsbetrieben und dem Management an Hochschulen" (Heinrichs 2010: S. 16) nicht außer Acht gelassen werden. Dies wird auch bei der Beantwortung der forschungsleitenden Fragen immer zu berücksichtigen sein.

1.1. Forschungsleitende Fragen und Methodik

Die vorliegende Arbeit widmet sich zunächst der Frage, welche teils spezifischen Herausforderungen Führung an Universitäten in sich birgt. Darauf aufbauend wird der Fokus auf die Frage gelenkt, wie diesen Herausforderungen mit einem strukturierten Leadershipkonzept begegnet werden kann. Die Beantwortung dieser Frage kann im Rahmen dieser Arbeit nur exemplarisch erfolgen. Es werden zu diesem Zweck die „Standards für Führungsverhalten" sowie „Rahmenbedingungen für den Einsatz von Führungsinstrumenten" beleuchtet, die an der Johannes Gutenberg-Universität Mainz für „alle Mitglieder der Hochschule mit Führungsverantwortung" (JGU 2012) festgelegt wurden. Besonderes Augenmerk wird dabei auf die Entwicklung und Implementierung dieser Führungsleitlinien gelegt. Es soll gezeigt werden, mit welcher Zielsetzung sie eingeführt wurden, wer daran beteiligt war und wie sie im Hochschulbetrieb verankert sind. Dazu wird auch die Frage von Bedeutung sein, wie die Evaluation solcher Maßnahmen stattfinden kann.

Um der Komplexität der forschungsleitenden Fragen gerecht werden zu können, ist es nicht ausreichend, bloß auf etablierte wissenschaftliche Theorien zurückzugreifen. Diese Theorien stammen häufig aus dem betriebswirtschaftlichen Kontext und berücksichtigen daher keine Charakteristika der Universität als Organisation. Es ist daher unerlässlich, einen Blick in die Praxis an Universitäten zu werfen. Im Rahmen dieser Arbeit geschieht dies am Exempel der JGU durch die Auswertung schriftlicher Zeugnisse, aber vor allem durch ein Interview, welches ich am 12.04.2017 mit Frau Dr. J L, der Referentin für Personalentwicklung an der JGU, geführt habe (vgl. Anhang 1). So entsteht ein differenziertes Bild, welches Unterschiede zwischen Wirtschaftsbetrieben und der Universität transparent werden lässt.

2. Führung an Universitäten

Im vorangegangenen Kapitel wurde bereits angedeutet, dass es sich bei Universitäten um besondere Organisationen handelt, die auch besondere Formen der Führung erfordern. Nickel argumentiert entsprechend, dass Führungskräfte an Universitäten weder „geeignete Strukturen und Arbeitsweisen" noch eine „Kultur des Managements" (Nickel, 2007: S. 76) vorfinden, um effektiv führen zu können. Führungspersonen in Universitäten sind oft zugleich auch oder eben vor allem Wissenschaftler, die sich primär über ihre wissenschaftliche Tätigkeit profilieren. Führungsaufgaben werden daher häufiger mit geringerem Bewusstsein für die Implikationen von Führung wahrgenommen, als dies in Wirtschaftsunternehmen der Fall ist (vgl. Müller 2014: S. 45). Dies kann sich sowohl aus dem besonderen „Dienst- und Treueverhältnis eines Beamten" (Heinrichs 2010: S. 15) und dem damit verbundenen Selbstverständnis ergeben als auch aus einer anderen Konstellation von Risiken, denen das Managementhandeln an Hochschulen im Vergleich zu profitorientierten Unternehmen begegnet (vgl. ebd.). Eine ganz entscheidende Rolle spielen aber sicherlich strukturelle Unterschiede, die dazu veranlassen, im Folgenden eine kurze Betrachtung anzustellen, welches die Spezifika der Universität als Organisation sind.

2.1. Die Universität als besondere Organisation

Aus der Historie der Universität, aber auch aus ihrem gesellschaftlichen Auftrag heraus, ergeben sich Spezifika, die sie von profitorientierten Betrieben unterscheidet. In ihrem Ursprung war die europäische Universität eine Form der „Genossenschaft der Studierenden", bei der „wichtige Dinge mit Mehrheit entschieden" wurden (Fisch 2015: S. 13). Bis heute haben sich aus diesem Anfangsgedanken Elemente erhalten. So schreibt auch Heinrichs, dass bei Wirtschaftsunternehmen die „Identifikation der Mitarbeiter mit dem Unternehmen" von der „Grundkonstellation von

Arbeitgebern und Arbeitnehmern" (Heinrichs 2010: S. 122) geprägt sei. An Hochschulen hingegen sei die Idee von einer gemeinsamen Konstituierung der Institution durch „Professoren, Dozenten, akademische Mitarbeiter und Studierende" (ebd.: S. 123) noch immer lebendig. Dies spiegelt sich u.a. in der Gremienarbeit wider, bei der alle Anspruchsgruppen vertreten sind. Insgesamt weist eine Universität aber ein hohes Maß an „Heterogenität" mit „vielen unterschiedliche[n] Formen von Führung" (L. 2017: Anhang S. A-1) auf. „Klassische Führungsfunktionen, wie man sie aus der Wirtschaft kennt" (ebd.) so L., seien auch vertreten. Besonders sei dies in der Verwaltung (vgl. ebd.) zu finden.

Eine weitere Besonderheit ergibt sich aus dem Prinzip der Führung auf Zeit, das eine turnusmäßige Rotation bei der Verteilung von Führungsaufgaben mit sich bringt. Die Schwierigkeit dabei ist nach L., dass „jemand aus der Riege Verantwortung übernimmt" und nach „unpopuläre[n] Entscheidungen [...] später wieder in die Riege zurück[kehrt]" (ebd.: S. A-2). Das hohe Maß an Heterogenität hat jedoch noch weitere Ursachen und Implikationen. Pellert hat 5 Charakteristika von Hochschulen herausgestellt, die sie von Wirtschaftsunternehmen unterscheiden.

Charakteristika	Auswirkung	Implikationen für Führung
Hohe individuelle Autonomie	• Wissen in Form der Expertise von Individuen ist das Kapital der Organisation • Reputation ist Motivationstreiber • Experten sind eigenständiges Handeln gewöhnt	• Management hat die Aufgabe, optimale Rahmenbedingungen für die Selbstmotivation der Experten zu schaffen • Probleme mit Leistungsunwilligen
Dominanz der Disziplin	• Matrixorganisation mit hoher Loyalität und Bindung der Mitarbeiter an ihre Disziplin	• Problem der Uneinheitlichkeit von Führungsstandards • Problem der Strategiedurchsetzung
Ungeliebte Verwaltung	• Spannungsfeld zwischen Wissenschaft und Verwaltung entsteht aus v.a. aus Missverständnissen • Managementtätigkeit wird in der Wissenschaft als hinderlich und bloß zum Selbstzweck der Bürokratisierung aufgefasst	• Interesse der Verwaltung an der Weiterentwicklung der Organisation muss gut kommuniziert werden • Querschnittsfunktionen zur Stärkung der Autonomie der Wissenschaft müssen gestärkt werden
Spezialisierung und Fragmentierung	• Zahllose Organisationseinheiten mit nur loser Kopplung • Fragmentation durch unterschiedliche fachliche Kulturen	• Spezialisierung ist wichtig und unverzichtbar • Gemeinsame Standards und Förderung des internen Wettbewerbs sind Herausforderungen der Leitung
Selbstkontrolle	• Qualitätskontrollen sind sehr schlecht über Disziplinen hinweg zu standardisieren	• Kopplung von professioneller Selbstkontrolle durch Evaluationsstandards mit gesellschaftsbezogener externer Kontrolle

Tab. 1: Charakteristika von Hochschulen (in Anlehnung an Pellert 2007: S. 21f.)

Zu dem Charakteristikum der ungeliebten Verwaltung hat L. das Beispiel der Studienbüros angeführt. Ein Spannungsfeld ergibt sich dort daraus, dass z.b. Studienmanager unliebsame Entscheidungen gegenüber „dem Professor, dem sie nicht vorgesetzt sind" (L.: S. A-2) treffen und kommunizieren müssen. Auch der Aspekt der hohen individuellen Autonomie spielt nach L. an der JGU eine wichtige Rolle. Misstrauen gegenüber dem Thema Führung entsteht demnach vor allem, weil der Verdacht im Raum steht, dass die Universitätsleitung ihren Einfluss vergrößern wolle (vgl. ebd.: S. A-2). Die daraus resultierende Angst vor der Gefährdung der Autonomie der Wissenschaft und Belohnungsmechanismen, die vor allem die Reputation als Motivationstreiber nutzen (vgl. Pellert: S. 21) sind Hindernisse bei der Etablierung des Themas Führung.

Bei allen Unterschieden zwischen Universität und Wirtschaftsbetrieben sind aber auch Gemeinsamkeiten zu erkennen. So lässt sich eine für Wirtschaftsbetriebe gängige Differenzierung nach drei Führungsebenen mit Abstrichen auch für Universitäten vornehmen. In der obersten Führungsebene sind nach Heinrich dabei das Rektorat bzw. Präsidium sowie der Kanzler/die Kanzlerin, in der mittleren die Dekanate und in der untersten Ebene sind u.a. Institutsleitungen zu verorten (vgl. ebd.: S. 15). Blümel merkt ferner an, dass sich im Rahmen einer zunehmend „postbürokratischen Logik des Managements im Hochschulwesen" (Blümel 2016: S.173) auch das Rollenverständnis innerhalb der Verwaltungsleitung und die Positionierung der Verwaltung im Gefüge einer Universität verändere. Somit ist auch der Aspekt der „ungeliebten Verwaltung" (Pellert 2007: S. 21) und des Managements an Hochschulen insgesamt im Wandel begriffen.

2.2.   Führung an Universitäten: Der Status Quo

„Inhaber von Top-Management-Positionen fühlen sich nicht als Führungskräfte!"
(Müller 2014: S.45)

Das Zitat klingt scheinbar absurd, aber an Universitäten, so bestätigt auch L., sei es nicht selbstverständlich, dass sich Führungskräfte ihrer Rolle auch bewusst sind (vgl. L.: S. A-2). Eine Vollerhebung deutscher Rektoratsmitgliedern hat gezeigt, dass 40% aller Universitätsleitungsmitglieder sich nicht als Führungskraft wahrnehmen, obwohl sie „doch in erheblichem Maße Führungsaufgaben wahrnehmen" (Müller: S. 49). Analog zu Watzlawicks Axiomen der Kommunikation lässt sich konstatieren, dass eine Führungsperson nicht nicht führen kann, genauso wie es unmöglich ist, sich nicht zu verhalten (vgl. Watzlawick et. al. 2012: S. 58). Es ist folglich nur schlechte Führung von guter Führung zu unterscheiden, wobei diese Attribute immer vor dem Hintergrund der Ziele der Institution zu beurteilen sind.

Das Problem eines mangelnden Bewusstseins der eigenen Führungsrolle hat allerdings zwei Seiten. Weibler geht davon aus, dass die „Führer-Eigenschaft [auch] von den Geführten zugeschrieben" (Weibler 2012: S. 161) wird. Müller hat in ihrer Studie belegt, dass „eine Großzahl der Dekane und [...] Professoren nicht [...] geführt werden will" (Müller 2014: S 48). Das führt zu dem Dilemma, dass Führung durch die Universitätsleitung zwar notwendig ist, um strategische Ziele erreichen zu können, gleichzeitig in der mittleren Führungsebene der Dekane und Professoren der Führungsanspruch der Universitätsleitung nur teilweise anerkannt wird.

Die Grundlegende Prämisse für gute Führung, die allen weiteren Erfolgsfaktoren voransteht, ist es daher für den Hochschulbereich, zunächst ein stärkeres Bewusstsein für die Relevanz von Führung für die Durchsetzung einer Strategie zu schaffen. So sieht auch L. die erste große Hürde, die zu überwinden ist, darin, „überhaupt das Thema Führung zu etablieren" (L.: S. A-2). Pellert argumentiert ebenfalls, dass es „ein brennendes Thema des Personalmanagements an Bildungseinrichtungen ist, dass überhaupt Leitungs- und Führungsverantwortung entwickelt wird" (Pellert 2008: S.23). Damit einher geht die Steigerung der Bereitschaft von Führungskräften, Führungsaufgaben bewusst und auf Grundlage der Ziele der Institution wahrzunehmen. Dabei muss dem Umstand des Prinzips der Führung auf Zeit Rechnung getragen werden. Das Bewusstsein für Führung sowie Führungskompetenzen immer wieder neu zu vermitteln, bleibt daher besonders an Universitäten eine Aufgabe, die ein hohes Maß an Kontinuität erfordert.

2.3. Eine begriffliche Klärung und Führungsmodelle

Bei aller Besonderheit, die den Kontext von Führungsaufgaben innerhalb von Expertenorganisationen wie der Universität prägt, gelten einige grundlegende Prinzipien doch überall dort, wo Führung stattfindet. Für ein Verständnis der Komplexität des Führungsbegriffs sowie auch einer qualitativen Einordnung der Führungsleitlinien der JGU ist es daher sinnvoll und unerlässlich, auf Definitionen und Modelle zurückzugreifen, die nicht ursprünglich für den Hochschulkontext entwickelt wurden.

Führung kann demnach als „personale Seite der Steuerung von Prozessen und Betrieben" definiert werden, durch die „Mitarbeiter veranlasst (motiviert, in die Lage versetzt) werden, Ziele zu erreichen" (Heinrichs 2010: S. 64).

Neben einer rein definitorischen Eingrenzung des Begriffs lässt sich eine Unterscheidung von Führungsdimensionen nach verschiedenen Modellen vornehmen. Dies soll hier exemplarisch anhand weit verbreiteter Modelle geschehen, da jeder dieser Ansätze sich auch in den Führungsleitlinien der JGU wiederfindet (vgl. Kap. 3.2).

Unterscheiden lassen sich solche Modelle grundsätzlich danach, ob sie Führung vor allem durch die Persönlichkeit der Führungskraft determiniert sehen, ob sie Verhaltensmuster zu Führungsstilen zusammenfassen oder ob sie Führung in Abhängigkeit der Situation beleuchten (vgl. Lippold

2015: S. 26). Ferner kann eine Unterscheidung danach erfolgen, ob Führungsverhalten mit einer, zwei oder mehreren Dimensionen charakterisiert wird (vgl. ebd.). Zudem existieren neuere Ansätze, die Führung weniger transaktional betrachten und dafür den Einfluss von Führung auf Werte und Motive von Mitarbeitern in den Vordergrund stellen.

Tab. 2: Schematische Darstellung von Führungsansätzen (vgl. Lippold 2015: S. 26; Borgmann u. Rowold 2015: S. 189 f.)

In frühen Betrachtungen wurde „Führung als Ausfluss von Führungseigenschaften" (Heinrichs 2010: S. 66) verstanden. Es gibt jedoch zahlreiche Belege dafür, dass bei erfolgreichen Führungskräften nicht „so viele übereinstimmende Eigenschaften auszumachen sind" (ebd.). Es kann jedoch konstatiert werden, dass erfolgreiche Führung oft von der Offenheit für neue Situationen, von der Entscheidungsfreudigkeit und der Fähigkeit, den eigenen Standpunkt zu überdenken, abhängt (vgl. Charan 2016: S. 57). Diese Aspekte spielten auch bei der Entwicklung der Führungsleitlinien an der JGU eine wichtige Rolle (vgl. Kap. 3.2).

Ein frühes und einfach anzuwendendes verhaltensorientiertes Modell, das hier exemplarisch vorgestellt werden soll, ist das von Tannenbaum und Schmidt. Das von ihnen entwickelte Führungskontinuum ermöglicht eine Bewertung von Führungsstilen eindimensional anhand der Ausprägung von Dominanz bzw. Partizipation (vgl. Tannenbaum u. Schmidt 1958: S. 95f.). Führungsstile werden dabei auf einem Kontinuum zwischen den Polen „Boss-centered leadership" und „Subordinate-centered leadership" (ebd.: S. 96) eingeordnet. Das Modell ist noch immer nützlich, um ohne großen Aufwand Verhaltensmuster von Führungskräften grob zu charakterisieren, besitzt aber aufgrund seiner Eindimensionalität keine Aussagekraft über Einflussfaktoren und Auswirkungen bestimmter Führungsstile.

Ein zweidimensionaler, verhaltensorientierter Ansatz, dem in der Fachliteratur noch immer eine Relevanz zugesprochen wird, ist der des „managerial grid" (Blake u. Mouton 1960). Blake und

Mouton haben Führungsverhalten in ein Raster eingeordnet. Das so entstandene Verhaltensgittermodell kombiniert die zwei Dimensionen der Mitarbeiter- und der Sachorientierung im Verhalten von Führungskräften, berücksichtigt dabei aber noch nicht die „Abhängigkeit von bestimmten Führungssituationen" (Lippold 2015: S. 36). Vorzüge dieses Ansatzes liegen vor allem darin, dass er eine differenzierte Typologisierung in mehrere Grundstile von Führung ermöglicht.

Situative Ansätze oder Prozessansätze scheinen der Praxis näher zu kommen, da sie nicht nur Eigenschaften und Verhaltensmuster der Führungspersönlichkeit beleuchten. Viele dieser Führungsansätze stellen eine Erweiterung des Verhaltensgitters von Blake und Mouton dar. Um Rückschlüsse auf Implikationen für das Mitarbeiterverhalten und den Führungserfolg sowie letztendlich die Leistungsfähigkeit des Unternehmens ziehen zu können, werden die beiden Dimensionen des Verhaltensgitters mit mindestens einer weiteren Dimension verknüpft. Im ersten situativen Führungsansatz, der Kontingenztheorie nach Fiedler, wurde zusätzlich zur Sachziel- und Mitarbeiterorientierung die situationale Günstigkeit anhand der drei Variablen der Positionsmacht, der Aufgabenstruktur und der Beziehung zwischen Führungskraft und Mitarbeiter operationalisiert (vgl. Fiedler 1965, S. 118). Im situativen Reifegradmodell und der damit verbundenen „Life-Cycle-Leadership-Theory" (Hersey und Blanchard 1981: S. 42) hingegen wird die Erfahrung der geführten Mitarbeiter als Variable ergänzt. Somit wird auch berücksichtigt, dass beispielsweise „unterschiedliche aufgabenrelevante Reifegrade des Mitarbeiters" (Lippold 2015: S. 45) eine entscheidende Rolle spielen und ein unerfahrener Mitarbeiter anders zu führen ist als ein erfahrener Mitarbeiter. Das Drei-D-Modell führt als weitere Dimension die Effektivität ein (Reddin 1981). Das Modell lässt dabei offen, von welchem Faktor das Führungsverhalten abhängen sollte, um seine Effektivität zu steigern. Es ist allerdings fraglich, ob die Effektivität sich als Gradmesser erfolgreicher Führung in Universitäten eignet, da die Messbarkeit der Leistung komplexer ist als in produzierenden Unternehmen (vgl. Kap. 2.4).

In Prozessansätzen kommt zur Betrachtung der Führungssituation hinzu, dass Führung als ein „Prozess der Beeinflussung" verstanden wird, bei dem „psychologische und soziale Momente eine weit größere Rolle spielen als die Charaktermerkmale der Führungspersönlichkeit" (Heinrichs 2010: S. 66). Das führt zu der Annahme, dass Führungsverhalten erlernbar ist oder eingeübt werden kann (vgl. ebd.). Diese Sichtweise ist von zentraler Bedeutung für die Konzeption von Führungskonzepten an Universitäten, da dort Persönlichkeiten in Führungsrollen geraten, die nicht in erster Linie zu Führungskräften ausgebildet wurden.

Noch relativ neue Ansätze stellen die Konzepte der transformationalen Führung sowie ihre Weiterentwicklung im Full-Range-Leadership-Modell dar (vgl. Borgmann u. Rowold 2015: S. 189 f.). Darin wird davon ausgegangen, dass im Idealfall Mitarbeiter dann die höchste Leistungsbereitschaft zeigen, wenn ihnen die Bedeutung des eigenen Tuns sowie Begeisterung und Zuversicht vermittelt werden. Das Handeln der Führungskraft zielt stark auf die Schaffung von Zielen und Werten ab, die von Mitarbeitern übernommen werden. Dimensionen von Führung sind dabei die Vorbildfunktion, eine klare Zukunftsvision, individuelle Unterstützung, die Förderung von Gruppenzielen, intellektuelle Anregung, eine hohe Leistungserwartung und Belohnungen (vgl. Borgmann u. Rowold 2015: S. 191 f.). Zwar lässt sich argumentieren, dass in der transformationalen Führung sowohl Aspekte des Eigenschaftsansatzes als auch des Verhaltens- und des situativen Ansatzes ineinanderfließen, das charakteristische Merkmal dieses Konzepts aber liegt in der Bedeutung eines gemeinsamen Bewusstseins für die Ziele und Werte der Institution.

2.4. Führen mit Erfolg

Die Darstellung von Führungsmodellen in Kap. 2.3. hat bereits nahegelegt, dass Führung von vielfältigen Faktoren beeinflusst wird. Ebenso vielfältig wie die Einflussfaktoren auf Führung sind auch die Einflussfaktoren von Führung auf den Erfolg von Einrichtungen. Erfolg kann für die Universität bzw. für einzelne Fachbereiche vieles bedeuten. Er kann sich in messbaren Outputvariablen wie z.B. der Mitteleinwerbung und dem Publikationsaufkommen eines Fachbereichs zeigen. Daraus geht aber, wenn überhaupt, nur indirekt hervor, wie es z.B. um die Arbeitsmotivation oder Mitarbeiterzufriedenheit bestellt ist. Für solche weicheren Faktoren ließen sich aber zumindest Indikatoren wie z.B. Mitarbeiterfehlzeiten und -fluktuation finden. Schwieriger wird es dort, wo ein wesentliches Spezifikum wissenschaftlichen Arbeitens ins Spiel kommt, nämlich dass sie „relativ häufig ein kreativer Prozess [ist], der nicht unbedingt linear und zeitlich kalkulierbar abläuft" (Nickel, Sigrun 2007: S.75). Dies führt zu dem gängigen Missverständnis, dass Führung in der Wissenschaft per se hinderlich, wenn nicht gar unmöglich ist. Daraus wiederum resultiert der bereits skizzierte Sachverhalt, dass Wissenschaftler ihre Führungsaufgaben nicht mit einem angemessenen Rollenverständnis oder Bewusstsein für die Tragweite ihrer Entscheidungen wahrnehmen. L. ist vor diesem Hintergrund davon „überzeugt, dass ein guter Forscher, der auch gleichzeitig eine gute Führungskraft ist, […] nicht seine Forschung einschränken muss" (L. 2017: S. A-3). Vielmehr kann er durch erfolgreiches Führen auch in seiner Arbeit als Wissenschaftler „noch mehr bewirk[en], wenn es Absprachen gibt, wenn Konflikte reduziert werden" (ebd.).

Die Argumentation von Blake und Mouton, nach der der größtmögliche Erfolg von Führung dann erreicht wird, wenn sowohl Mitarbeiter- als auch Sachzielorientierung maximiert werden (vgl. Lippold 2015: S. 36), kann für Universitäten aber dennoch nur mit Einschränkungen gelten. In welchem Verhältnis eine Leistungs- und Outputorientierung mit einer starken Mitarbeiterorientierung verknüpft werden sollte, ist in der Führungspraxis von Universitäten noch stärker als z.B. in Industrieunternehmen eine immer wiederkehrende Entscheidungsaufgabe. So argumentiert auch Lippold auf Grundlage des Drei-D-Modells, dass eine Führungsperson „die konkrete Füh-rungssituation zu analysieren und daraufhin den geeigneten Führungsstil zu wählen" (ebd.: S. 43) habe. Weiche und harte Faktoren müssen folglich gleichsam im Blickfeld der Führungskraft liegen und Führung muss der Situation und dem Kontext z.B. innerhalb eines Fachbereichs oder inner-halb eines Forschungsprojekts angepasst sein. Bei der Entwicklung der Führungsleitlinien an der JGU, so L., „war im Vorfeld [...] schon klar, dass wir eher dem situativen Ansatz folgen" (L.: S. A-7). L. konstatiert dazu weiter, dass es „den einen Führungsstil, der für alle Situationen funktioniert, einfach nicht gibt" (ebd.). Dies korrespondiert auch mit dem Charakteristikum der unterschiedli-chen Fachkulturen, das Pellert angesprochen hat (vgl. Pellert: S. 21f.). Dennoch ist es sinnvoll, auch gemäß dem Konzept der transformationalen Führung, eine gemeinsame Grundlage für Füh-rung zu schaffen, die eine globale Gültigkeit über alle Fachbereiche hinweg hat. Dieser Aufgabe hat sich die JGU mit der Entwicklung von Führungsleitlinien gestellt.

3. Führungsleitlinien an der JGU

Im vorangegangenen Kapitel wurde bereits herausgestellt, wie wesentlich es für den Erfolg von Führung ist, dass Führungskräfte ihre Rolle auch bewusst wahrnehmen. Es sollte daher im Interes-se einer Universität liegen, diese Bereitschaft zu steigern und die Durchsetzung der strategischen Ziele auf allen Ebenen in Einklang zu bringen. Die JGU hat dies erkannt und im Rahmen des Pro-jekts „JGU-Leadership – Wandel gestalten" Führungsleitlinien entwickelt. Das Projekt wurde auf der Grundlage einer Ausschreibung des Stifterverbands für die Deutsche Wissenschaft initiiert und nach erfolgreicher Antragsstellung finanziell gefördert.

3.1. Planungsphase

Die Entwicklung von Führungsleitlinien ist ein Akt managerialen Handelns, der eine umfangreiche und detaillierte Planung erfordert. Planung kann dabei als „ein systematisches, zukunftsbezoge-nes Durchdenken und Festlegen von Zielen, Maßnahmen, Mitteln und Wegen zur künftigen Ziel-erreichung" (Wild 1982, S. 13) verstanden werden. Horvath hat in Anlehnung an Wild „Planungs-phasen" (Horváth 2012, S. 148) unterschieden, die auch als schematische Blaupause auf die Glie-derung des Planungsprozesses an der JGU anzuwenden sind. Er unterscheidet die „Gestaltung des Planungssystems (Metaplanung)" von der „eigentlichen Planung" (ebd.). Bei dem Planungsprozess für das Leadershipprojekt hat die Metaplanung zeitlich vor der Antragsstellung beim Stifterver-band innerhalb eines kleinen Kreises von Angehörigen der Hochschulleitung stattgefunden.

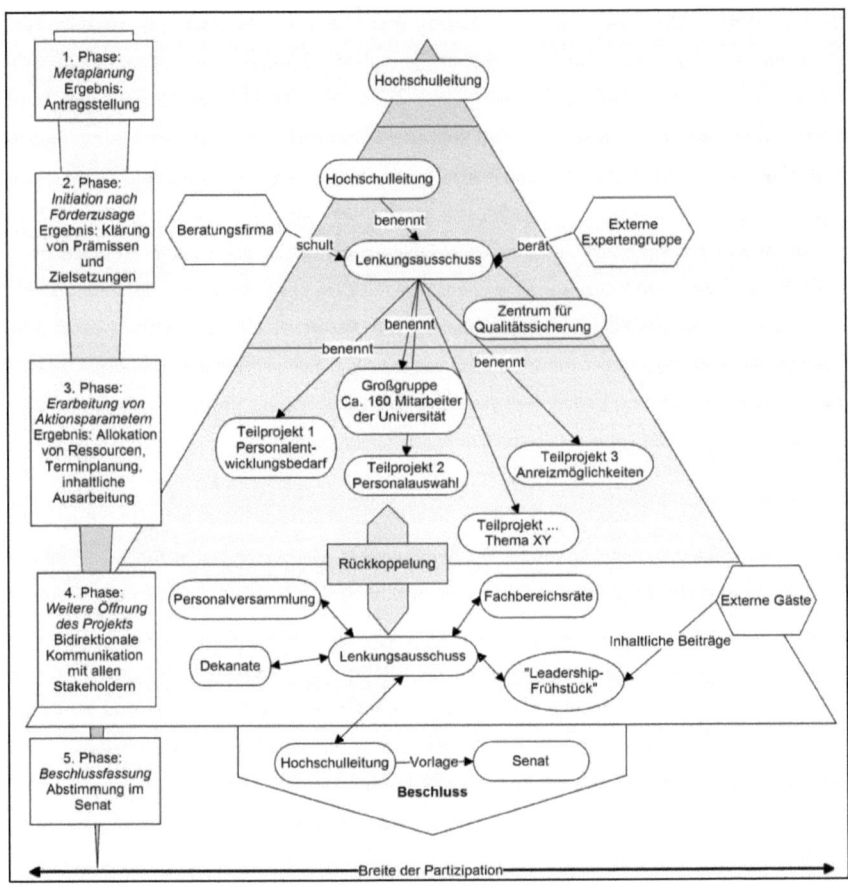

Abb. 1 Planungsprozess im Leadership-Projekt der JGU (Eigene Erstellung. Quelle: Interview mit Frau L., Anhang 1)

Die Planung nach der Förderzusage beinhaltet im Wesentlichen die von Wild benannten Sachverhalte der Klärung von Prämissen, der Zielsetzung, Ressourcen- und Rollenzuteilung, terminlichen Abstimmung und letztendlich eines Ergebnisses (vgl. Wild 1982, S. 49), das dem Senat vorgestellt wurde. Das Ergebnis der Planung ist nach Horváth dabei eine Festlegung auf bestimmte Aktionsparameter oder Planalternativen, die zur Umsetzung gebracht werden (Horváth 2012: S. 148). Da es Vorgaben vom Stifterverband gab, war die Freiheit bei der Auswahl der Planalternativen allerdings eingeschränkt.

Abb.1 zeigt allerdings ein wesentliches Merkmal bei der Planung für das Leadership-Projekt an der JGU, das eine Abweichung zu den meisten Planungsprozessen in Unternehmen der freien Wirtschaft darstellt. Mit fortschreitenden Verlauf der Planung weitet sich der Planungsprozess zu einem breiten, partizipativen Vorgang, der mit jeder Phase mehr Organe und Personen in die Planung mit einbezieht. Diese Form der partizipativen Planung trägt der in Kap. 2.1 bereits erwähnten Besonderheit der Universität Rechnung, dass dort eine gemeinsame Konstituierung der Institution durch Stakeholder auf mehreren Ebenen vorherrscht (vgl. Heinrichs 2010: S. 123).

3.2. Inhaltliche Dimension der Führungsleitlinien

Ziel dieser Führungsleitlinien ist es, ein gemeinsames Grundverständnis von Führung in unserer Universität zu schaffen. Diese Leitlinien setzen Standards für Führungsverhalten und stellen Rahmenbedingungen für den Einsatz von Führungsinstrumenten dar. Für alle Mitglieder der Hochschule mit Führungsverantwortung sind diese Führungsleitlinien Grundlage ihres Führungshandelns.

Wer Führungsverantwortung an der JGU wahrnimmt,

1. ist sich der damit verbundenen Konsequenzen bewusst und steht für Ziele und Handlungen auch im Fall von Widerständen ein.
2. ist selbstkritisch, stets bereit zu lernen und sich weiterzuentwickeln.
3. weiß um die eigene Vorbildfunktion und handelt entsprechend.
4. ist entscheidungsfähig und entscheidungswillig, aber auch bereit, einmal getroffene Entscheidungen gegebenenfalls zu revidieren.
5. trifft anhand nachvollziehbarer Kriterien sach- und zielorientierte Entscheidungen.

Führungsverantwortung gegenüber Mitarbeiterinnen und Mitarbeitern zeichnet sich dadurch aus,

6. dass ihnen unabhängig von ihrem Status Respekt, Wertschätzung und Loyalität entgegengebracht werden.
7. dass ihre individuellen Potenziale angemessen bewertet und gefördert werden.
8. dass sie ermuntert werden, Verantwortung für ihre Aufgaben zu übernehmen, und dass sie dabei Unterstützung erfahren.
9. dass man Perspektiven schafft und eine Orientierung anbietet, die sowohl Sinn und Ziele des Handelns als auch Grenzen und Möglichkeiten aufzeigt.
10. dass man mit ihnen gemeinsam eine offene, sachbezogene, zielorientierte und ehrliche Kommunikation pflegt.
11. dass man sich für gesunde Arbeitsbedingungen einsetzt.

Führungsverantwortung gegenüber der Universität als Organisation bedeutet, dafür zu sorgen,

12. dass die gemeinsamen Ziele der JGU unterstützt werden.
13. dass zur Gesamtleistung und Weiterentwicklung der Universität ein Beitrag geleistet wird.
14. dass bei allen Entscheidungen sowohl die Interessen des eigenen Bereiches als auch Interessen der Universität gewahrt werden.
15. dass die Verpflichtung zur aktiven Beteiligung in der universitären Selbstverwaltung verantwortlich und engagiert wahrgenommen wird.

Abb. 3: Überblick über die Führungsleitlinien an der JGU (Quelle: JGU 2012)

Die Führungsleitlinien sind nicht „basierend auf irgendwelchen Modellen entstanden" (L. 2017: S. A-6), sondern wurden bei dem breit angelegten partizipativen Prozess entsprechend den von allen Beteiligten artikulierten Anforderungen an gute Führung erarbeitet. Im Ergebnis umfassen die Leitlinien aber Aspekte aller zuvor betrachteten Führungsansätze (vgl. Kap. 2.3). Es ist dabei auffällig, dass bei dem Versuch, die „20 Einzelleitlinien sinnvoll [zu] clustern" (L. 2017: S. A-6), eine Differenzierung in Blöcke stattgefunden hat, in denen die unterschiedlichen Führungsansätze in unterschiedlicher Gewichtung sichtbar werden.

Der erste dieser Blöcke repräsentiert dabei vor allem den „Selbstbezug" (ebd.) der Führungskraft und rekurriert dabei wesentlich auf den Eigenschaftsansatz bzw. den Prozessansatz. Eine Führungskraft soll demnach entscheidungsfähig und lernfähig sein. Bereits hier werden aber auch Aspekte der transformationalen Führung erkennbar, nach der die Führungskraft sich stets ihrer Vorbildfunktion bewusst sein sollte. Die Vorgabe, nach nachvollziehbaren Kriterien sach- und zielorientiert zu entscheiden, ist ebenfalls eine Distanzierung von der Annahme, die Eigenschaften der Führungskraft seien allein maßgeblich für gute Führung.

Im zweiten sowie im dritten Block werden der situative Ansatz sowie Teilaspekte des Konzepts der transformationalen Führung, die bei der Entwicklung der Leitlinien explizit diskutiert wurden (vgl. ebd.) zur Richtschnur für das Handeln von Führungskräften. Danach gibt es keinen Führungsstil, „der für alle Situationen funktioniert" (L.: S. A-7). Beide Blöcke legen den Fokus auf Zielrichtung und Wirkung von Führungshandeln, wobei sich vor allem der Radius der Auswirkungen unterscheidet. Während der zweite Block „aus dem Workshop gekommen ist" und auf den „Bezug zu den Mitarbeitern" abzielt, wird im dritten Block der „Bezug zur Universität" (ebd.: S. A-6) und somit zu Globalzielen der Organisation hergestellt. Wesentlich ist im zweiten Block, dass Führungshandeln immer die „individuellen Potenziale" (JGU 2012) von Mitarbeitern berücksichtigt. Dabei sollen Perspektiven geschaffen werden, Kommunikation soll immer offen, aber zielorientiert sein und jedem Mitarbeiter soll unabhängig von seinem Status mit Respekt begegnet werden. Somit wird gemäß dem Konzept der tranformationalen Führung herausgestrichen, dass es von Führungskräften „mehr als von jeder anderen Gruppe" abhängt, „nach welchen Werten und Vorstellungen entschieden und gehandelt wird" (Homma et al. 2014: S. 83).

Der dritte Block verdeutlicht, dass Führung auf allen Ebenen dazu dient, Ziele der Organisation als Ganzes zu verfolgen (vgl. Heinrichs 2010: S. 64). Es ist bezeichnend, dass die Leitlinien des dritten Blocks als einzige nicht das Ergebnis des partizipativen Prozesses sind, sondern dass diese aus „dem Leitbild der Universität herausgezogen" wurden, weil „der Bezug zur Organisation auch dazu gehört" (L. 2017: S. A-6). Auch in diesem Block werden Aspekte der transformationalen Führung aufgegriffen, indem ein Bewusstsein für gemeinsame Ziele gefordert wird. Nun kann darüber

spekuliert werden, ob es von einem Mangel an diesem Bewusstsein zeugt, dass während der partizipativen Phasen der Bezug zur Universität im Ganzen nur eine marginale Rolle gespielt hat. Es
liegt so der Schluss nahe, dass die Beteiligten sich zwar mit ihrer Abteilung bzw. ihrem Fachbereich identifizieren, kaum jedoch mit der Universität insgesamt. Insofern wäre es auch ein Ver-
dienst der Führungsleitlinien, wenn ein stärkeres Gefühl der Verbundenheit über die Grenzen der
eigenen Disziplin und des eigenen Teams geschaffen werden könnte.

3.3. Implementierung

Die Führungsleitlinien einzuführen, war anfangs vor allem die Herausforderung, sie wirkungsvoll
innerhalb der Zielgruppe zu kommunizieren. Das geschah unter anderem im Rahmen einer Perso-
nalvollversammlung, in Fachbereichsratssitzungen und in Form von Rundmails und zahlreichen
gedruckten Broschüren. Perspektivisch entscheidender ist jedoch, dass während der Planung zur
Einführung der Führungsleitlinien bereits in Teilprojekten lancierende Maßnahmen beschlossen
worden, um das Projekt „nachhaltig weiterführen" (L.: S. A-5) zu können. Um das Thema Führung
in den Köpfen präsent zu halten, finden zumindest zweimal jährlich Gespräche zwischen der
Hochschulleitung und den Dekanaten sowie Institutsleitungen einzelner Fachbereiche statt (vgl.
ebd.). Daneben gibt es Fachveranstaltungen wie z.B. einen Strategieworkshop, an dem neu ge-
wählte Dekane/-innen teilnehmen. Darin wird gemeinsam erarbeitet, was „die Hochschulleitung
von den Dekanen und was [...] die Dekane von der Hochschulleitung" (ebd.) erwarten.

Ganz wesentlich trägt auch ein auf die Bedürfnisse von Führungskräften abgestimmtes Konzept
zur Personalentwicklung dazu bei, dass relevantes Wissen vermittelt wird (vgl. ebd.: S. A-6).
Dadurch wird die Zielgruppe von Veranstaltungen im Rahmen dieses Konzepts darin unterstützt,
die Führungsleitlinien bewusst mit teils vorhandenem impliziten Wissen zu verknüpfen und anwenden zu können. Ziel ist es dabei, Führungskräfte angesichts einer „steigende[n] Komplexität
des Umfelds, in der das Führungshandeln stattfindet [...] zu unterstützen und gleichzeitig auszubilden" (JGU 2017, s. Anhang A-10).

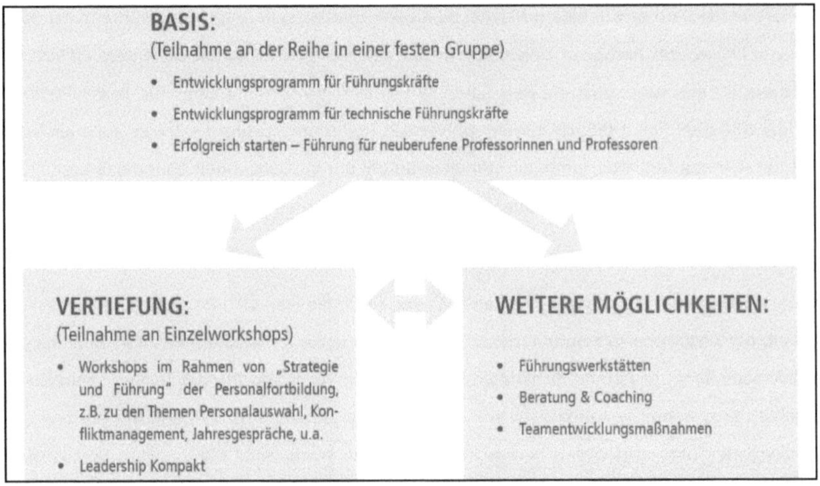

BASIS:
(Teilnahme an der Reihe in einer festen Gruppe)
- Entwicklungsprogramm für Führungskräfte
- Entwicklungsprogramm für technische Führungskräfte
- Erfolgreich starten – Führung für neuberufene Professorinnen und Professoren

VERTIEFUNG:
(Teilnahme an Einzelworkshops)
- Workshops im Rahmen von „Strategie und Führung" der Personalfortbildung, z.B. zu den Themen Personalauswahl, Konfliktmanagement, Jahresgespräche, u.a.
- Leadership Kompakt

WEITERE MÖGLICHKEITEN:
- Führungswerkstätten
- Beratung & Coaching
- Teamentwicklungsmaßnahmen

Abb. 2: Führungskräfteentwicklung an der JGU. Ein modulares Angebot (JGU 2016).

Zwar hat es bereits vor dem Leadershipprojekt vereinzelt Weiterbildungsangebote für Führungskräfte an der JGU gegeben, jedoch steht nun ein systematisches und holistisches Konzept dahinter, das sich an den drei Blöcken der situativ geprägten Führungsleitlinien (vgl. Kap. 3.3) orientiert. So werden derzeit die drei Module „Ich als Führungskraft", „schwierige Führungssituationen meistern" und „Führung von erfolgreichen Teams" angeboten (JGU 2017: S. A-10).

Ein ebenfalls im Zuge des Leadershipprojekt ausgebautes Angebot an Führungskräfte, liegt in der Möglichkeit, „sich und ihr Team coachen zu lassen" (ebd.: S. 5).

Nicht zuletzt ist als wichtiges Instrument der Personalführung und somit auch der Umsetzung der Führungsleitlinien im Rahmen des Leadershipprojekts die Konzeption für die Durchführung von Mitarbeitergesprächen weiterentwickelt worden. Um ein Signal der Veränderung zu setzen, wurde auch die Bezeichnung „Mitarbeitergespräch" durch „Jahresgespräch" ersetzt. Mit relativ großem Aufwand wurden zur Einführung sämtliche Mitarbeiter in Form von Rundmails, Broschüren und Einführungsveranstaltungen über die Durchführung „anlassunabhängige[r], strukturierte[r] Vier-Augen-Gespräch[e] zwischen Führungskraft und der/dem Beschäftigten" (JGU 2016/2) informiert. Ein Leitfaden sowie eine Vorlage zur Durchführung von Jahresgesprächen sollen dabei unterstützen.

Ein Problem ist allerdings, dass es noch immer an der Akzeptanz der Führungskraft liegt, ob solche Angebote auch genutzt werden oder nicht. Sowohl, was die Motivation zur Steigerung des eigenen Potenzials als Führungskraft durch die Teilnahme an Weiterbildungsangeboten anbelangt, als auch beim Angebot von Jahresgesprächen, sind alle Maßnahmen nur dann zielführend, wenn sie auch genutzt werden. Die Gründe, solche Angebote nicht zu nutzen, sind mannigfaltig (vgl. L. 2017: S. A-7). Es gibt noch immer Mitarbeiter, die „sich zurecht über ihre Führungskräfte beschweren" (ebd.: S. A-8), was sich auch perspektivisch nicht ändern lassen wird. Aber es ist unstrittig, dass durch die Implementierung der Leitlinien und lancierender Maßnahmen bereits viele Veränderungen in unterschiedlichen Bereichen eingesetzt haben.

3.4. Evaluation

Zu jeder guten Planung gehört auch eine Ergebniskontrolle, bei der ermittelt wird, inwieweit die zu Beginn der Planung gesteckten Ziele tatsächlich erreicht wurden (vgl. Schultz 2011: S. 42). An der JGU ist generell ein „großes Interesse daran, Zahlen zu generieren" (L. 2017: S. A-8) vorhanden, die als Indikatoren für den Erfolg eingeführter Maßnahmen dienen sollen. Um Soll-/Ist-Vergleiche vornehmen zu können, wurde auch zu Beginn des Leadershipprojekts eine Bestandsaufnahme des Status Quo durchgeführt (vgl. ebd.: S. A-4). Erhoben wurden und werden solche Daten durch Mitarbeiterbefragungen, die in Zusammenarbeit mit dem Zentrum für Qualitätssicherung und –entwicklung (ZQ) an der JGU vorgenommen werden. Die groß angelegte Mitarbeiterbefragung zu Aspekten der Führung soll gemäß einer Absprache mit dem Programmbeirat demnächst wiederholt werden (vgl. ebd.: S. A-7).

Ansonsten findet die Erfolgskontrolle eher punktuell statt, indem einzelne Maßnahmen evaluiert werden. Im Bereich der Führungskräfteentwicklung geschieht dies bereits systematisch mittels einer Zeitreihenanalyse. Dabei wird vor Weiterbildungsveranstaltungen, direkt nach den Veranstaltungen und ein Jahr später eine Erhebung durchgeführt (vgl. ebd.). So kann eruiert werden, welche Auswirkungen Maßnahmen der Führungskräfteentwicklung bei den entsprechenden Führungskräften entfalten.

Relativ gut belegt ist der Erfolg der Einführung von Jahresgesprächen. Bereits 2011 hat es eine aufwändige Evaluation zum Vorgängerinstrument der Mitarbeitergespräche gegeben, die in einem dreißigseitigen Evaluationsbericht mündete (vgl. JGU 2011). Im Jahr 2016 wurde erneut eine Mitarbeiterbefragung durchgeführt, bei der sich ein sehr positiver Trend gezeigt hat. Die Quote der Mitarbeiter, die angaben, dass mit Ihnen ein Jahresgespräch geführt wurde, ist demnach von 20% auf ca. 50% gestiegen (vgl. L.: S. A-7). Bei beiden Befragungen lag die Rücklaufquote bei ca. 20%, was zu einer kritischen Betrachtung der Validität veranlasst, es aber immerhin ermöglicht, die Ergebnisse ins Verhältnis zu setzen.

Es bleibt eine Herausforderung für die JGU, aber auch für die Universität als Institution, nicht nur interne Effekte von Maßnahmen zu messen, wie dies an der JGU bereits geschieht. Der Nachweis, inwieweit das Leadershipprojekt sich z.B. auch positiv auf den Erfolg der gesamten Einrichtung im Wettbewerb der Hochschulen national und international auswirkt, ist kaum zu erbringen. Zusammenhänge mit Outputvariablen wie z.B. dem Publikationsaufkommen oder der Drittmitteleinwerbung (vgl. Kap. 2.4), die in Rankings häufig zum Vergleich der Leistungsfähigkeit von Hochschulen herangezogen werden, lassen sich nicht herstellen. Das liegt auch darin begründet, dass „so viel passiert [...] neben unseren Maßnahmen" (L. 2017: S. A-7) und eine eindeutige Erfolgszuschreibung daher unmöglich erscheint.

Insgesamt ist aber zu konstatieren, dass Evaluation unabdingbar ist, um zumindest einen auf interne Effekte abzielenden Erfolg von Maßnahmen messen zu können. Es gilt dabei die Annahme, dass positive Effekte auf interne Abläufe sich auch, wenn auch in einer schwer quantifizierbaren Form, auf die Wettbewerbsfähigkeit der Hochschule auswirken. Wichtig ist bei aller Evaluation auch immer, eine Balance zu finden, bei der weder das Budget noch Mitarbeiter über Gebühr durch Datenerhebungen belastet werden, dennoch aber die für eine Erfolgskontrolle relevanten Daten abgefragt werden können (vgl. ebd.: S. A-8).

4. Kritische Reflexion und Ausblick

Die Führungsleitlinien an der JGU zeugen davon, dass die engen Wechselwirkungen zwischen Einflussfaktoren und Auswirkungen von Führung erkannt wurden und dass Wert auf eine situationsgerechte Handlungsweise von Führungskräften gelegt wird.

Die JGU hat mit dem Leadershipprojekt und mit den im Zuge dessen entstandenen Führungsleitlinien ein Beispiel gegeben, dem bereits weitere Hochschulen gefolgt sind und dem mit Sicherheit noch mehr folgen werden. So haben z.B. die Universität Hannover kurz nach Abschluss des Projekts an der JGU und die TU in Darmstadt im Jahre 2015 ebenfalls in einem ähnlichen, hochschulweiten partizipativen Prozess mit der Einführung von Führungsleitlinien begonnen (vgl. Universität Hannover 2016 u. Universität Darmstadt).

Festhalten lässt sich auch, dass durch das Leadershipprojekt weit mehr erreicht wurde, als bloß den Aspekt der Führung weiterzuentwickeln. Es wurde dadurch insgesamt der Mut zur Veränderung gesteigert. Auch dadurch, dass die Gesprächsbereitschaft zwischen Hochschulleitung und Fachbereichen zugenommen hat, werden Diskussionen angestoßen, die „vorher nicht denkbar gewesen" (L.: S. A-5) wären. So lässt sich konstatieren, dass insgesamt positive Veränderungen am Miteinander und an der Unternehmenskultur durch das Projekt verwirklicht wurden.

Zum Schluss möchte ich nochmal auf die eingangs formulierte forschungsleitende Frage zurückkommen, wie den Herausforderungen, denen sich Hochschulen aktuell stellen, mit einem strukturierten Leadershipkonzept begegnet werden kann. Die JGU hat darauf eine Antwort gefunden, die den Besonderheiten der Universität als Organisation (vgl. Kap. 2.1) auch bei der Umsetzung von Prinzipien, die originär aus der Betriebswirtschaft stammen, Rechnung getragen wurde. Es hat sich bei der Umsetzung des Projekts gezeigt, dass Planungsprozesse von großer Tragweite an Universitäten nicht ausschließlich top-down stattfinden müssen, so wie das in Unternehmen der freien Wirtschaft in der Regel der Fall ist, sondern stärker partizipativ. Auch beruhen die Führungsleitlinien im Ergebnis auf einem Grundkonsens, in dem weder die Autonomie der Wissenschaft noch die notwendige Heterogenität der Institution angetastet werden.

5. Literaturverzeichnis

Schriftliche Quellen:

Blake, Robert Rogers; Mouton, Jane (1964): The managerial grid. Key orientations for achieving production through people. Houston: Gulf Publishing.

Blümel, Albrecht (2016): Von der Hochschulverwaltung zum Hochschulmanagement. Wandel der Hochschulorganisation am Beispiel der Verwaltungsleitung. Dissertation an der Universität Kassel. Wiesbaden: Springer VS.

Borgmann, Lars u. Rowold, Jens (2015): Personalführung: Verhaltensbezogene Ansätze. In: Rowold, Jens: Human Resource Management. Lehrbuch für Bachelor und Master. 2. Auflage. Wiesbaden: Springer Gabler.

Charan, Ram (2016): The Secrets of Great CEO Selection. An insider´s guide. In: *Harvard Business Review* 94 (12). S. 52-59.

Fiedler, Fred E.: Engineer the Job to Fit the Manager. In: *Harvard Business Review*. S.43 (5): S. 115-122.

Fisch, Stefan (2015): Geschichte der Europäischen Universität. Von Bologna nach Bologna. München: C.H. Beck Wissen.

Gibbons, Michael; Limoges, Camille; Nowotny, Helga; Schwartzman, Simon; Scott, Peter; Trow, Martin (1994): The new production of knowledge. The dynamics of science and research in contemporary societies. London: Sage.

Heinrichs, Werner (2010): Hochschulmanagement. München: Oldenbourg Verlag.

Hersey, Paul; Blanchard, Kenneth H.: So You Want To Know Your Leadership Style? In: *Training and Development Journal* 35 (6): S. 34-54.

Homma, Norbert; Bauschke, Rafael u. Hofmann, Laila Maija (2014): Einführung Unternehmenskultur. Grundlagen, Perspektiven, Konsequenzen. Wiesbaden: Springer Gabler.

Horváth, Péter (2012): Controlling. 12. Aufl., München: Vahlen Verlag.

Johannes Gutenberg-Universität Mainz (2011): Evaluationsbericht. Das Mitarbeitergespräch an der JGU. Online unter: http://www.personalentwicklung.uni-mainz.de/Dateien/Bericht_Evaluation_des_Konzepts_MAG.pdf. Zuletzt überprüft am 13.06.2017.

Johannes Gutenberg-Universität Mainz (2012): Führungsleitlinien. Online unter: http://www.personalentwicklung.uni-mainz.de/Dateien/Fuehrungsleitlinien_Leadership-Uebersicht.pdf. Zuletzt überprüft am 13.06.2017.

Johannes Gutenberg-Universität Mainz (2016): Führungskräfteentwicklung an der JGU. Ein modulares Angebot. Online unter: http://www.personalentwicklung.uni-mainz.de/97.php. Zuletzt überprüft am 13.06.2017.

Johannes Gutenberg-Universität Mainz (2016/2): Jahresgespräche. Online unter: http://www.personalentwicklung.uni-mainz.de/1919.php. Zuletzt überprüft am 13.06.2017.

Johannes Gutenberg-Universität Mainz (2017): Flyer: Entwicklungsprogramm für Führungskräfte. Anhang S. A-10.

Lippold, Dirk (2015): Theoretische Ansätze der Personalwirtschaft. Ein Überblick. Wiesbaden: Springer Gabler.

Müller, Ursula M. (2014): Und sie tun es doch: Führung in deutschen Universitäten. In: *Wissenschaftsmanagement* 20 (4), S. 45-49.

Nickel, Sigrun (2007): Partizipatives Management von Universitäten. München und Mering: Rainer Hampp Verlag.

Pellert, Ada (2007): Personalmanagement in Hochschule und Wissenschaft. In: Hanft, Anke (Hg.): Studienreihe Bildungs- und Wissenschaftsmanagement. Münster: Waxmann Verlag.

Reddin, William J. (1981): Das 3-D-Programm zur Leistungssteigerung des Managements. Landsberg: Verlag moderne Industrie.

Schedler, Kuno; Proeller, Isabella (2003): New Public Management. Bern, Stuttgart, Wien: Verlag Paul Haupt

Schultz, Volker: Basiswissen Betriebswirtschaft. Management, Finanzen, Produktion, Marketing. 4. Auflage. München: Deutscher Taschenbuch Verlag.

Tannenbaum, Robert u. Schmidt, Warren H. (1958): How to Choose a Leadership Pattern. In: *Harvard Business Review* 36 (2): S.95-101.

Universität Darmstadt: Führungsleitlinien. Online unter: https://www.intern.tu-darmstadt.de/dez_vii/pe/fuehrungsleitlinien/.de.jsp. Zuletzt überprüft am 13.06.2017.

Universität Hannover: Die Führungsleitlinien der Leibniz Universität Hannover. Online unter: https://www.uni-hannover.de/de/universitaet/organisation/entwicklung/fuehrungsleitlinien/. Zuletzt überprüft am 13.06.2017.

Watzlawick, Paul; Beavin, Janet H. u. Jackson, Don D. (2011): Menschliche Kommunikation. Formen, Störungen, Paradoxien. 12. Aufl.. Bern: Verlag Hans Huber.

Weibler, Jürgen (2016): Personalführung. 3. Auflage. München: Vahlen Verlag.

Wild, Jürgen (1982): Grundlagen der Unternehmungsplanung. 4. Auflage. Opladen: Westdeutscher Verlag.

Mündliche Quelle:

L., J: Transkription des Interviews vom 12.04.2017, s. Anhang.

6. Anhänge

Anhang 1: Leitfrageninterview auf Grundlage der forschungsleitenden Fragen

Zielsetzung und Strategie

Frage 1: Weshalb wurde überhaupt die Notwendigkeit gesehen, Führungsleitlinien zu entwickeln?

Frage 2: Wer ist primär die Zielgruppe der Führungsleitlinien?

Frage 3: Was erhoffen Sie sich mit den Leitlinien zu erreichen?

Frage 4: Wie sind die Führungsleitlinien eingebettet in ein strategisches Gesamtkonzept der Universität bzw. wie korrespondieren sie mit anderen Zielen der Universität?

Planung und Implementierung

Frage 5: Gab es andere Institutionen bzw. bereits bestehende Führungsleitlinien, die als Vorbild dienten?

Frage 6: Wie ist es gelungen, den Stifterverband für die Deutsche Wissenschaft und die Heinz-Nixdorf-Stiftung als Förderer zu gewinnen und wie sieht diese Förderung aus?

Frage 7: Wer hatte die Idee?

Frage 8: Wer war federführend und wer war noch alles beteiligt bei der Planung und bei der Implementierung und waren auch Externe beratend beteiligt?

Frage 9: Wie war der Planungsprozess gestaltet?

Frage 10: Gab es bei der Planung und Umsetzung kritische Phasen und würden Sie mit der Erfahrung von heute etwas anders machen?

Inhaltliche Dimensionen der Führungsleitlinien

Frage 11: Welches sind für Sie die Kernelemente der Führungsleitlinien?

Frage 12: Welches Menschenbild wird mit den Leitlinien transportiert?

Frage 13: Welche Intention steht hinter der Gliederung der Führungsleitlinien in drei Blöcke?

Erfolgskontrolle

Frage 14: Wie ist die Resonanz aus der Zielgruppe, insbesondere von Professoren?

Frage 15: Gab es Kritik an dem Vorhaben und wie gehen Sie damit um?

Frage 16: Wie überprüfen Sie, welche Auswirkungen die Leitlinien haben?

Frage 17: Wie geht es weiter mit dem Leadershipprojekt?

Transkription des Interviews vom 12.04.2017 mit Frau Dr. J L., der stellvertretenden Referatsleitung der Personalentwicklung an der JGU

MH: Ich habe einen Katalog von Fragen entwickelt, im Wesentlichen zu den Führungsleitlinien. Die Fragen habe ich in vier Blöcke gegliedert. Zuerst geht es um Zielsetzung und Strategie, dann um Planung und Implementierung.

JL: Ja.

MH: Dann geht es noch um die inhaltliche Dimension der Führungsleitlinien und am Ende um Erfolgskontrolle.

JL: Okay.

MH: Dann beginne ich mal mit der ersten Frage. Was war denn überhaupt der Anlass oder weshalb wurde die Notwendigkeit gesehen, solche Führungsleitlinien zu entwickeln?

JL: Ja, der Anlass war tatsächlich... also Frau Karrenberg hat 2005 die Personalentwicklung übernommen und damals war das noch sehr personalfortbildungsgeprägt, also mit vielen Einzelseminaren. Sie hat dann ab 2005 angefangen, die Führungskräfteentwicklung aufzubauen mit dem Entwicklungsprogramm für Führungskräfte und einem Programm für neuberufene Professoren. Da kam relativ schnell von den Teilnehmern der Entwicklungsprogramme die Frage „ja, was erwartet denn die Uni eigentlich von uns? Also, das ist ja toll, was wir hier lernen, aber was will die Universität?" Wir haben zwar eine gute Trainerin, die die Inhalte in den Veranstaltungen toll vermittelt... aber wir hätten ja auch einfach sagen können, wir wollen einen autoritären Führungsstil durchsetzen... (lacht). Aber nein, wir haben dann gesehen, dass wir einen Rahmen brauchen, der beschreibt, was von Führungskräften erwartet wird an Verhalten... was also einen Rahmen für die Führungskräfte gibt und den Mitarbeitern zeigt, was sie ein Stück weit erwarten können. Das klappt nicht immer ganz mit der Umsetzung, aber immerhin ist es etwas, worauf man sich berufen kann und gibt uns natürlich auch einen Rahmen vor für die ganzen Dinge, die wir anbieten an Themen, Inhalten und Ausrichtung. Das war der Startpunkt und das lief dann aus einem glücklichen Zufall zusammen, dass eben der Stifterverband diese Ausschreibung hatte zum Thema „Wandel gestalten". Es gab unterschiedliche Themenblöcke. Es gab auch etwas im Bereich „Studium und Lehre". Die damalige Referentin vom Kanzler hatte Frau Karrenberg auf den Wettbewerb hingewiesen. Dann ist Frau Karrenberg mit der Idee an die Hochschulleitung herangetreten. Die haben dann kurz überlegt und gefragt „wollen wir nicht doch etwas zum Thema Lehre machen?" Frau Karrenberg hat darauf geantwortet: „Ich kann nur was zum Thema Führung machen" (lacht). Dann sind wir damit gestartet und haben uns an der Ausschreibung beteiligt und waren dann unter den vieren, zwei Universitäten und zwei FHs, die dann mit 400.000 Euro Projektgeldern gefördert wurden.

MH: Diese Idee war ja damals doch wahrscheinlich noch relativ neu, dass man versucht, solche Grundsätze, wie man sie aus der freien Wirtschaft kennt, auf die Universität zu übertragen. Das ist doch eine ganz andere Ausgangssituation als z.B. in einem Konzern. Universitäten sind doch strukturell schon mal ganz anders aufgestellt, Führung findet dezentraler statt, auf mehrere Orte verteilt und auf mehreren Ebenen...

JL: Ja.

MH: Wer war denn nun primär die Zielgruppe der Maßnahme. Es liegt zwar fast auf der Hand, aber vielleicht können Sie das nochmal kurz skizzieren.

JL: Ja, das Thema Führung an Universitäten ist tatsächlich nicht trivial, da wir viele unterschiedliche Formen von Führung haben und diese ganze Heterogenität macht es natürlich nicht einfacher. Wir haben klassische Führungsfunktionen, wie man sie aus der Wirtschaft kennt. Da gibt es dann auch Hierarchien. Das ist z.B. stark hier in der Verwaltung vertreten. Da haben wir die Kanzlerin, dann die Abteilungsleiter, die Referatsleiter und so weiter. Auch bekannt ist das im Bereich von Projektleitungen. Was aber dazukommt, und das hebt Universitäten von anderen Organisationen sehr stark ab, das ist z.B. das Amt des Dekans oder des Institutsleiters, beides auf Zeit, wo jemand aus der Riege Verantwortung übernimmt. Der muss dann vielleicht auch unpopuläre Entscheidungen treffen und muss dann später wieder in die Riege zurück. Dann kommt der Kollege, dem man vielleicht gerade eine halbe Stelle weggenommen hat, und der wird dann als nächster Dekan (lacht). Was dann auch gesehen haben, dass ist die Arbeit in den Studienbüros, die Studienmanager oder die Studienbüroleitung, die sozusagen eine Art fachliche Führungsaufgabe haben. Die haben den Auftrag, die Lehre sicherzustellen und müssen dann dem Professor, dem sie nicht vorgesetzt sind sagen, dass er jetzt nicht mehr die schöne Zeit am Dienstag von 10-12 Uhr bekommt, sondern Freitag von 14-16 Uhr. Und sie kriegen auch nicht den Raum für 60 Leute, sondern nur den für 30, weil bei Ihnen nur 10 Leute kommen, so. Das ist auch eine Form von Führung, die wir haben. Deshalb haben wir gesagt, das Leadershipkonzept richtet sich an alle, die an der Universität in irgendeiner Form Führungsverantwortung übernehmen.

MH: Okay. Was soll denn nun damit konkret erreicht werden? Wie soll sich z.B. die Wahrnehmung von Führungsaufgaben von Dekanen dadurch verändern?

JL: Unser größtes Ziel war an der Stelle zunächst überhaupt das Thema Führung zu etablieren. So selbstverständlich, dass sich jeder dieser Rolle bewusst ist, wie es in Ministerien ist oder wie es in Firmen ist, das ist an der Universität nicht der Fall. Als wir angefangen haben mit dem Projekt, da haben wir uns mit Wissenschaftlern unterhalten und da hieß es eben oft „ich bin keine Führungskraft, ich bin Forscher". Natürlich sind das Forscher, aber dann, wenn sie Verantwortung für Mitarbeiter haben, dann sind sie Betreuer und an einer bestimmten Stelle werden sie dann eben auch Führungskraft, weil sie ihnen disziplinarisch vorgesetzt und für diese Sachen auch verantwortlich sind. Aber ich will das jetzt gar nicht nur auf die Wissenschaftler schieben. Das haben wir hier in der Verwaltung durchaus auch, dass die Leute, die in der Verantwortung sind, ihre Rolle nicht so ausfüllen. Das war dann zwar hier da ganz nett und sie haben gesehen, dass sie an bestimmten Stellen auch etwas zu sagen haben, aber was da alles mit zusammenhängt, dessen waren sie sich nicht bewusst.

MH: Das ist interessant. Ich habe gerade von einer Studie gelesen, nach der mehr als die Hälfte aller Führungskräfte an Universitäten sich ihrer Rolle gar nicht bewusst sind... Das heißt, das Leadership-Projekt soll vor allem ein Bewusstsein dafür schaffen, damit Führungskräfte ihre Rolle auch wahrnehmen und sich in ihrer Rolle auch sehen.

JL: Wir haben formuliert, dass wir eine Leadership-Kultur entwickeln wollen. Es ist uns klar, dass das nicht so einfach und schnell passieren wird. Das wird noch ein bisschen dauern, weil noch heute wir sozusagen in der gleichen Diskussion (lacht), aber mühsam ernährt sich das Eichhörnchen. Einer nach dem anderen...

MH: Da stößt man sicher auf Widerstände der Wissenschaftler, die sich eben primär über ihre Rolle als Wissenschaftler definieren und dann aber das vielleicht dann noch als lästige Pflicht sieht, da noch etwas aufgebrummt zubekommen oder was sind da so die Einwände?

JL: Die prägendste Anekdote direkt zu Beginn war, dass natürlich als wir mit dem Thema Leadership bzw. Führung gekommen sind, ein großer Widerstand da war und es bis zu Nazivergleichen kam. Der Führer... Außerdem, das waren jetzt nicht viele, aber da kam Ablehnung, die darauf rekurriert hat, dass wir den englischen Begriff verwenden, was aber nunmal einen Bezug dazu hat, mit welchem Konzept wir gestartet sind und nicht, weil wir jetzt unbedingt einen Anglizismus wollten. Das zu vermitteln ist aber schwer. Wir hatten, als wir die Führungsleitlinien entwickeln haben, die dann durch den Senat gingen, gab es auch Widerstand, weil einige gedacht haben, der Präsident möchte damit einige Sachen mit aller Macht durchsetzen. Bald haben die Leute gemerkt, dass das so nicht gemeint war und auch so nicht funktioniert, aber da war großes Misstrauen. Wir hatten natürlich auch die Diskussion darum, wie ich meine Rolle als Wissenschaftler verstehe. Das, was belohnt wird, ist Forschung zu betreiben. Ich glaube, wir haben wirklich die ganze Palette. Wir haben Wissenschaftler, also vor allem junge Wissenschaftler, die stärker in dieser Rolle schon denken und sich da auch verantwortlich fühlen und das vielleicht nicht so explizit formulieren aber faktisch das, wie sie sich verhalten, dann wirklich zeigt, dass sie tatsächlich Führungsverantwortung übernehmen und sich in der Rolle sehen. Und dann gibt es natürlich die, die sagen, „das brauche ich alles nicht", das hat früher auch alles funktioniert" (lacht).

MH: Sehen manche da auch die Autonomie der Wissenschaft in Gefahr?

JL: Ja, der Einwand, das schränke Forschung und Lehre ein, der kam standardmäßig auch.

MH: Aber das ist nicht intendiert?

JL: Nein, wir sind überzeugt, dass ein guter Forscher, der auch gleichzeitig eine gute Führungskraft ist, sozusagen auch an der Stelle nicht seine Forschung einschränken muss, sondern eher noch mehr bewirkt, wenn es Absprachen gibt, wenn Konflikte reduziert werden. Das hilft alles. Es ist nunmal so, was man nicht vergessen darf ist, dass wir halt im öffentlichen Dienst sind und dass da viele formale Sachen sind, an die man sich halten muss, z.B., wenn es um Einstellungen geht. Das ist ja etwas, was grundsätzlich unliebsam ist (lacht). Das gehört auch bei Führung dazu und da muss man sich im Klaren sein, an welcher Stelle ich Verantwortung übernehme, wenn ich etwas delegiere und sage „kümmere du dich darum", dass ich weiß, was ich da eigentlich delegiere.

MH: Wie ist das Leadership-Konzept eingebettet in das strategische Gesamtkonzept der Uni und wie korrespondiert es mit den Zielen? Gibt es da so eine Art strategische Dachkonstruktion unter der Leadership ein Baustein ist?

JL: Ja, womit es damals zusammengefallen ist, dass war tatsächlich die Exzellenzinitiative. Im Rahmen dessen wurde es eingebunden. Da ging es z.B. um Aufgaben der Dekane und ähnliches. Wir hatten jetzt gerade im Senat das Personalentwicklungskonzept, wo wir uns nochmal Gedanken darüber gemacht haben, sozusagen Ziele, die der Präsident als Gesamtziele der Universität definiert hat und welchen Beitrag leistet die Personalentwicklung, um diese zu unterstützen. Da ist die Führungskräfteentwicklung ein wichtiger Teil, aber auch nicht der einzige. Das ist so ein bisschen tricky, weil die Ziele ja auch nur begrenzt kommuniziert werden (lacht), aber ansonsten merken wir schon, dass sozusagen an bestimmten Stellen das einfach ein Prozess ist, wo wir gemerkt haben, dass die Hochschulleitung sich entwickelt. Ich glaube, damals, als die zugestimmt haben, dass wir uns beim Stifterverband damit bewerben, haben die überhaupt nicht gewusst, worauf die sich da einlassen und was das bedeutet und dass sie selbst eben auch ihr Führungsverhalten hinterfragen müssen. Aber das ist ein Entwicklungsprozess und da gibt es immer noch Möglichkeiten, wo wir besser sein könnten. Wenn wir uns aber mit anderen Universitäten vergleichen und sagen, in welchem Austausch wir mit der Hochschulleitung stehen, dann bekommen die anderen immer große Augen und sagen, das hätten wir auch gerne. Jetzt gibt es das woanders zwar auch schon, dass Leitlinien entwickelt werden, aber die sind dann alleine auf weiter Flur und hören dann nur „ja, machen sie mal."

MH: Die Mainzer Uni hatte da schon eine Vorreiterrolle, ja?

JL: Ja, die war eine der ersten.

MH: Gab es denn Institutionen, die als Vorbilder dienten?

JL: Ich meine, es gab eine Universität, aber da erwischen sie mich jetzt kalt, weil ich nicht mehr weiß, welche das war. Die hatten vor uns schon Führungsleitlinien, aber die haben das nicht in einem so breiten, partizipativen Prozess aufgestellt.

MH: Haben sie vielleicht in den angelsächsischen Raum geschaut, wo der Managementgedanke im öffentlichen Bereich stärker etabliert ist?

JL: An der der Stelle war für uns klar... die Ausschreibung des Stifterverbands hatte das Motto „Wandel gestalten", da war klar, es muss partizipativ passieren. Das heißt, unsere Leitlinien sind nicht entstanden, weil die Hochschulleitung und wir zusammengesetzt haben und gesagt haben „wir machen da jetzt wir irgendetwas", sondern wir haben das in einem breiten, partizipativen Prozess gemacht. Wir haben uns zwar von Unternehmen Führungsleitlinien angeschaut, haben uns aber immer gesagt, wir müssen gucken, was bei der Universität herauskommt. Deshalb haben wir uns gar nicht so breit vorab etwas angeschaut.

MH: Wir war denn der Planungsprozess nun eigentlich gestaltet? Wer war federführend bei der Planung und wer bei der Umsetzung? Wer war alles beteiligt und waren da auch Externe involviert?

JL: Genau, wir haben... ich fange mal nochmal an, bevor das Projekt entstanden ist. Da haben der ehemalige Kanzler Herr Scholz, Frau Dreyer, Frau Karrenberg, Frau Stallbauer, meine Vorgängerin und, ich weiß gar nicht ob Uwe Schmidt vom ZQ beteiligt war... die haben ja den Vorantrag geschrieben. Das war relativ hoch gehängt. Den Hauptantrag oder die Präsentation der Idee, das war sozusagen auf Hochschulleitungsebene verankert, was auch gut war. Der Stifterverband musste sehen, dass die Hochschulleitung dahintersteht, sonst bringt das nichts. Selbst im Projekt, als wir dann die Zusage hatten, haben wir eine breite Projektplanung gemacht. Es wurde ein Lenkungsausschuss eingesetzt. Da waren drin: die Vizepräsidentin, dann Herr Scholz, der auch der Sprecher war, Herr Hofmeister, damals noch Dekan. Wir hatten den Personalratsvorsitzenden drin, die Gleichstellungsbeauftragte, eine Studienmanagerin, Frau Wolf. Also, wir haben versucht, in diesen Lenkungsausschuss auch die Uni ein Stück weit abzubilden. So hatten wir eine Projektstruktur und dann hatten wir auch eine Expertengruppe, die sozusagen immer mal wieder einen Blick auf das Projekt warf, also in der Planungsphase und dann mittendrin. Da war z.B. drin vom DHV der Herr Josten. Dann hatten wir jemanden vom CHE drinnen. Wir hatten einen Personalentwickler vom hr, jemanden von der BASF, also alles Leute, die in diesem Thema Leadership drin waren und ein bisschen nah an Forschungshochschulen bereits gearbeitet haben. Einmal zu Beginn hatten wir uns auch mal eine Beratungsfirma reingeholt, um auch den Lenkungsausschuss über Führungstheorien auf den Stand zu bringen. Das war eine Beratungsfirma, die aber aus dem Wissenschaftskontext entstanden ist. Respicere hießen die. Hauptsächlich war es aber das externe Expertengremium, das uns beraten hat. Wir haben uns bewusst entschieden, dafür keine Beratungsfirma zu nutzen. Dann haben wir eine Projektplanung gemacht, die mit dem Lenkungsausschuss immer abgestimmt und abgeglichen wurde. Die wurde dann verändert, wenn Bedarf war. Es gab immer wieder Projektsitzungen. Also alles relativ klassisch strukturiert.

MH: War das dann so, dass zuerst Meilensteine aufgestellt wurden und dann der Fortschritt kontinuierlich überprüft wurde. Also so, wie ein Planungsprozess üblicherweise abläuft?

JL: Genau. Wir haben Ziele definiert, Arbeitspakete festgelegt und daraus dann die Meilensteine abgeleitet für das gesamte Leadership-Projekt. Das war ja mehr, als die Führungsleitlinien zu entwickeln.

MH: Gab es kritische Phasen? Würden Sie mit ihren Erfahrungen heute irgendetwas anders machen? Oder meinen Sie, dass die Beteiligten mit ihrem Erfahrungshorizont heute etwas anders machen würden?

JL: (Überlegt) Ja, also, was wir zwischendrin mal mit heißer Nadel gestrickt haben, wo wir uns überlegt haben war, dass wir eine Ist-Analyse machen müssen. Da haben wir dann mit dem ZQ zusammen eine Befragung zum Iststand beim Thema Führung ausgearbeitet. Da muss ich im Nachhinein sagen, dass es schön gewesen wäre, da noch mehr Zeit zu haben. Als wir kurz davor waren, die Leitlinien zu entwickeln, da war uns klar, dass vorher die Befragung stattgefunden haben muss. Ich finde aber, dass es vom Projekt her sehr gut gelaufen ist. Da war eine gute Abstimmung, viel Diskussion und man hat gemerkt, dass sich alle Seiten entwickelt haben. Wir haben immer sehr guten Input bekommen. Es war aber nicht so, dass wir uns immer bei allem einig waren.

MH: Sind Sie denn dann bei der Planung nochmal auf die Zielgruppe zugegangen, um zu erfahren, wo vielleicht weiterer Bedarf liegen könnte oder wo sie wahrscheinlich besonders anecken werden?

JL: Von der Projektplanung her waren wir da relativ autark. Wir hatten ja bestimmte Dinge auch schon durch den Antrag drinnen. Wir haben aber das Projekt an sich sehr partizipativ gestaltet. Die Leitlinien an sich haben wir ja mit einer Großgruppe von ca. 160 Leuten an einem Tag entwickelt. Die haben über mehrere Kleingruppenphasen erarbeitet, was gutes Führungsverhalten ist, welche Werte dahinterstecken und welche Leitlinien daraus entwickelt werden können, wie wir sie formulieren wollen. Die haben einen Rohentwurf erstellt und wir sind dann mit den Leitlinien durch die Universität getourt. Das war zwar ein Aufwand, aber damit haben wir etwa 2000 Leute erreicht. Wir waren in der Personalversammlung, wo wir sie vorgestellt haben und nochmal gefragt haben „was bedeutet für Sie gutes Führungshandeln?" Alles, was die uns dann auf Karten mitgegeben haben, haben wir dann abgeglichen mit dem, was wir in der Großgruppe entwickelt haben. Dann sind wir durch die Fachbereichsräte getingelt und die konnten ihre Einwände auch formulieren. Wir sind in einzelne Bereiche gegangen... also, das hatten wir am Anfang so nicht geplant, aber es war dann so, als es in den Senat ging, ist es doch fast einstimmig beschlossen worden. Da war aber vor allem nochmal die Diskussion, ob wir Führungsleitlinien wirklich brauchen oder ob das nicht selbstverständlich ist. Ansonsten hatten wir ja für verschiedene Themen Teilprojekte. Also z.B. „Personalentwicklungsbedarf für erfahrene Führungskräfte", „Personalauswahl", „Anreizmöglichkeiten". Und auch da haben ja auch Leute aus der Universität mitgearbeitet. Und wir haben das Leadershipfrühstück etabliert, wobei immer wieder bestimmte Themen dran waren. Da waren dann auch Leute eingeladen, um mitzudiskutieren und auch Input in das Projekt zu geben. Das wurde zwar mehr oder weniger immer von den gleichen genutzt, aber wir haben zumindest versucht, so viel wie möglich Mitsprachemöglichkeit einzuräumen.

MH: Das ist doch ein Prozess, der im Grunde nie ganz abgeschlossen ist, oder? Da gibt es ja z.B. Schulungen. Aber da scheint es mir so zu sein, dass diejenigen, die in Führungsverantwortung sind, sich aktiv darum bemühen müssen und sich mit dem Thema auseinandersetzen müssen. Das geht doch wahrscheinlich an vielen völlig vorbei. Es steht vielleicht mal etwas in einer Verwaltungsmitteilung, aber naja. Gut, zum Thema Jahresgespräch ist wohl jeder ordentlich informiert worden, aber ich kann mir vorstellen, dass es eben viele Professoren und Dekane gibt, die sich nicht aktiv damit befassen. Wie können Sie die überhaupt erreichen, sodass die auch mal z.B. zu solchen Schulungen gehen?

JL: Das ist tatsächlich der Punkt, der nicht ganz einfach ist, aber wo wir versuchen, über unterschiedliche Sachen anzusetzen. Wir kommen da stückchenhaft vorwärts. Das eine ist, bei der Frage, wie wir das Projekt sozusagen nachhaltig weiterführen können, quasi in der Linie, da war eine entscheidende Idee damals vom Lenkungsausschuss, dass die Hochschulleitung mit den Dekanaten im Gespräch sein muss. Einmal im halben Jahr gehen jetzt die Hochschulleitungsmitglieder in die Fachbereiche und sprechen über das Thema, also sind dort einfach im Gespräch mit den Fachbereichsgeschäftsführern. Zum Teil sind da auch die Institutsleitungen eingeladen. Wir schreiben jetzt nicht vor, was genau die dort besprechen sollen, aber so kommen die überhaupt mal über das Thema wieder ins Gespräch. In manchen Fachbereichen klappt das besser. Da werden dann auch Anliegen an die Hochschulleitung weitertransportiert. Man muss einfach wirklich auf unterschiedlichen Ebenen agieren. Z.B. haben bei der letzten Dekanewahlrunde die Hochschulleitung und die Dekane gemeinsam einen Strategieworkshop gemacht, wo sie sich über ihre Rollen und Erwartungen verständigt haben. Also, „was erwartet die Hochschulleitung von den Dekanen und was erwarten die Dekane von der Hochschulleitung?". Das ist wirklich ein Fortschritt. Das wäre vorher nicht denkbar gewesen. Dann hatten wir Fachveranstaltungen, wenn die ins Amt gekommen sind. Die sind da rausgekommen und waren richtig zufrieden. Die haben gesagt, sie würden das gerne alle halbe Jahre machen würden, dann eben immer einen halben Tag, wo die zusammenkommen und auch Themen formulieren können. Wir sind da z.B. auch gestartet mit dem Thema „laterale Führung im Dekaneamt. Was heißt das eigentlich? Welche Möglichkeiten haben wir?"

Das wird dann immer inhaltlich von uns vorbereitet. Die Dekane haben auch das Angebot, sich und ihr Team coachen zu lassen. Das wird vereinzelt in Anspruch genommen. Wir hatten jetzt jemanden, bei dem klar war, dass er die Dekanefunktion übernehmen würde. Er sagte dann „ja, ich mache das, aber ich möchte dann auch für unseren Fachbereich einen Strategieworkshop machen." Also, es passiert langsam etwas und nicht für alle. Es ist nunmal so an einer Universität, dass, wer sich wegducken will, der kann sich auch wegducken.

MH: Ich kann mir vorstellen, dass es manche gibt, die erstmal überfordert sind mit ihrer Führungsrolle und dankbar sind, dass es jetzt eine Anlaufstelle gibt.

JL: Ja, genau.

MH: Vielleicht jetzt noch zu den Inhalten der Führungsleitlinien. Im Vorfeld des Interviews habe ich mich theoretisch ein wenig mit Führung auseinandergesetzt und bin dabei auf verschiedene Führungsansätze gestoßen, u.a. auf Eigenschaftsansätze, situative Ansätze und Kombinationen daraus.

JL: (nickt)

MH: Diese Leitlinien sind ja in drei Blöcke unterteilt und es schien mir so, dass man im ersten Block mehr einen Eigenschaftsansatz findet. Darin geht es dann darum, dass die Führungskraft bei sich selber anfängt und sich fragt „was macht mich als Führungskraft aus?"

JL: (nickt zustimmend)

MH: Im zweiten Block ist der Teamgedanke im Vordergrund – also eher der situative Ansatz, wo man z.B. fragt „welche Erfahrung hat der Mitarbeiter? Wie kann ich ihn als Führungskraft dort abholen, wo er steht?" und weitere Aspekte im Kontext der Führung.

JL: (nicht zustimmend)

MH: Das Dritte ist dann die globale Ebene, wo das eingebettet ist in das strategische Gesamtkonzept.

JL: Ja. Dadurch, dass wir ja schon die Führungskräfteentwicklung hatten, bevor wir mit den Leitlinien eingestiegen sind, hatten wir bereits ein Konzept, auf dem wir basiert haben und das war von Warren Bennis. Das ist ein amerikanischer Sozialwissenschaftler, der dort auch die Funktion des Deans übernommen hat und seine Erfahrungen niedergeschrieben hat. Der hat eben gesagt, dass es einerseits Managementaufgaben gibt und andererseits Leadershipaufgaben. Das ist das, was wir auch vermitteln. Dann gab es natürlich auch die Frage mit der transformationalen Führung. Das ist ja aktuell die psychologisch beliebteste Theorie, aber die Leitlinien sind tatsächlich gar nicht mal basierend auf irgendwelchen Modellen entstanden, sondern das, was aus der Runde kam. Der Lenkungsausschuss hat dann nochmal geschaut, wie man die 20 Einzelleitlinien sinnvoll clustern kann. Eigentlich sind nur die ersten beiden, also Selbstbezug und Bezug zu den Mitarbeitern das, was aus dem Workshop gekommen ist. Die Leitlinien zum Bezug zur Universität haben wir dann noch ergänzt und aus dem Leitbild der Universität herausgezogen, weil wir gesagt haben, dass der Bezug zur Organisation auch dazu gehört.

MH: Ja, das muss ja irgendwie eingebettet sein und Führung ist doch auch ein Instrument, ob Strategie von oben durchzusetzen.

JL: Ja oder zumindest, um Organisationsziele zu erreichen.

MH: Hat man sich Gedanken gemacht darüber, welches Menschenbild damit transportiert werden soll - z.B., inwieweit die Führungskraft autoritär auftreten soll oder allgemein das Verhältnis von Führungskraft zu Untergebenen oder wie Weisungsbefugnisse ausgestaltet werden sollen.

JL: Ja, wir sind, wie gesagt, ganz offen gewesen und haben gesagt „ja, wir gucken mal." Das war ganz spannend, in der Kleingruppe, in der ich war, war jemand, der ein Beispiel gebracht hat, wo er sozusagen mal einen Vogel geopfert hat und ein Exempel statuiert hat. Er wollte damit wohl zeigen, dass man entscheidungsfreudig sein muss, aber da ging die Diskussion in der Gruppe los, „ne, das ist jetzt nicht das wichtigste Beispiel". Die Gruppe musste sich immer auf etwas festlegen, was das wichtigste Beispiel ist und das war dann tatsächlich auch der Selbstselektionsprozess in der Diskussion. Ich glaube, da hätte nie ein autoritäres Führungsbild herauskommen können, weil das einfach nicht Uni ist. Also, für uns war im Vorfeld eigentlich schon klar, dass wir eher dem situativen Ansatz folgen, dass wir sagen, es gibt Menschen und es gibt Situationen, auf die man schon gezielt draufgucken muss, weil es den einen Führungsstil, der für alle Situationen funktioniert, einfach nicht gibt.

MH: Ja, ich hatte auch den Eindruck, dass die Leitlinien keine konkreten Vorgaben machen, wie Führung nun genau zu sein habe, sondern dass mehr die Selbstreflexion darüber, wie man eigentlich führt, angestoßen werden soll.

JL: Genau. Es ist tatsächlich der Rahmen. Es geht auch darum, dass wir mit Wertschätzung miteinander umgehen. Es gibt immer wieder Konflikte und Dinge, die nicht so gut laufen, das ist klar. An sich ist aber der Anspruch, sich dorthin zu entwickeln. Was vielleicht noch wichtig ist, am Anfang hatten wir eine lange Diskussion, weil wir uns nicht vorstellen konnten, dass es Leitlinien gibt, die sich für die Forschung und die Wissenschaft eignen. In dem Workshop, wo alle durchgemischt waren, haben wir dann aber gesehen, dass wir durchaus die gleichen Themen haben, die sich nur z.T. anders äußern. Spannenderweise kam trotzdem am Ende nochmal die Diskussion, ob das nicht für jeden Fachbereich nochmal einzeln angepasst werden müsste. Da gab es dann die Entscheidung, das nicht zu tun. Es gibt einmal Führungsleitlinien und darin kann sich jeder wiederfinden. Jeder hat das Recht, für sich noch mehr zu definieren. An sich wäre die Überlegung, was heißt es bei uns? Wie wollen wir das bei uns umsetzen?

MH: Okay, vielleicht als letztes noch das Thema Evaluation. Was wird getan, um zu überprüfen, was davon ankommt, wie sich Führung an der Uni verändert?

JL: Ja, wir hatten ja diese Mitarbeiterbefragung vor dem letzten Leadershipprojekt und wir hatten im letzten Programmbeirat darüber gesprochen, dass wir die jetzt wiederholen. Dann werden wir in Zusammenarbeit mit dem ZQ wieder etwas ausarbeiten und gucken, was sinnvoll ist. Da wird eine Frage sein, wie hoch die Beteiligungsquote sein wird. Bei der Befragung damals kam heraus, dass wir in allen Bereichen, sowohl Verwaltung als auch Wissenschaft, die ganze Palette, also sehr gute und sehr schlechte Führungskräfte hatten, bzw. solche, die sozusagen bei vielen Items schlecht abschneiden. Der einzige Unterschied war, dass mit zunehmender Betriebszugehörigkeit die Leute Führung schlechter eingeschätzt haben, während die jungen Leute da eher ganz angetan waren. Das werden wir wiederholen. Die Sache ist natürlich, dass da so viel passiert noch neben unseren Maßnahmen, sodass natürlich nicht klar ist, was sich auf uns zurückführen lässt und was nicht. Wir können aber gucken, ob sich etwas bewegt, vielleicht auch in einzelnen Bereichen. Ansonsten ist es so, dass wir uns gezielt Maßnahmen angucken. Bei der Führungskräfteentwicklung sind wir gestartet und haben nicht nur hinterher die Beurteilung genommen, sondern haben begleitend vorher, nachher und ein Jahr später nachgesehen, um zu sehen, was mit den Führungskräften, die daran teilnehmen passiert. Das ist allerdings nicht ganz einfach, da die Leute zu allen drei Zeitpunkten an den Befragungen teilnehmen müssen und die Ergebnisse zuordenbar sind. Da sind wir noch nicht bei einer so großen, kritischen Menge, obwohl wir einige Staffeln hatten, sodass wir da noch weiter sammeln. Wo wir es am besten belegen können, ist am Thema Jahresgespräche. Da gab es ja auch ein Vorgängerinstrument, das Mitarbeitergespräch. Es hatte dazu schon eine Evaluation gegeben. Im letzten Jahr habe ich dann wieder eine Befragung durchgeführt. Da haben natürlich nur wieder die klassischen 20% sich beteiligt. Dabei hat sich gezeigt, dass damals von den Rückmeldungen nur 20% der Mitarbeiter gesagt haben, dass mit ihnen ein Jahresgespräch geführt wurde. Jetzt waren es immerhin schon 50% der Mitarbeiter, die gesagt haben, dass es ihnen angeboten wurde und sie es auch angenommen haben. Das ist schon eine gute Steigerung. Zwei Dritteln der Mitarbeiter wurde es angeboten. Ein Teil hat es abgelehnt, was aber auch ihr gutes Recht ist. Es gibt aber auch noch einige, die es tatsächlich nicht anbieten. Manche machen das, weil sie wirklich kein Bock darauf haben. Bei einigen sind es aber auch so Gründe wie, dass sie erst ein halbes Jahr da sind und es sich noch nicht lohnt. Wir versuchen das zu begleiten, aber man muss auch gucken, dass man die Leute nicht damit nervt, dass sie zu allem möglichen einen Fragebogen ausfüllen müssen. Die Kanzlerin hat aber ein großes Interesse daran, Zahlen dazu zu generieren. So ganz linear ist es halt leider nicht. Wir können Lernprozesse anstoßen, aber was derjenige oder diejenige daraus macht, das liegt bei jedem selbst.

MH: Okay. Gibt es denn Pläne, wie es mit dem Leadership-Projekt weitergehen soll?

JL: Ja, das Projekt ist ja jetzt im Grunde schon seit 2013 zuende. Deshalb habe ich ja auch vom Programmbeirat gesprochen, weil es sozusagen keinen Lenkungsausschuss mehr gibt, sondern nur noch den Programmbeirat. Der trifft sich ein bis zwei Mal im Jahr, um immer wieder kritisch draufzugucken und zu überlegen, was vielleicht an der und der Stelle gemacht werden muss. Da fließen dann zum Teil die Rückmeldungen, die die Hochschulleitung aus den Fachbereichen bekommen hat, mit ein. Letzten Endes ist es so, dass wir die eingeführten Maßnahmen fortsetzen, unterstützen, wo es geht und immer schauen, wo wir sie unterbringen bzw. neu etablieren können. Da geht es auch um Verknüpfungen z.B. mit dem neuen Antrag zur Exzellenzinitiative, der Human Researches Strategy, dem Nachwuchspakt usw.

MH: Die Hochschullandschaft ist ja insgesamt im Wandel begriffen. Das wird dann also kontinuierlich den sich verändernden Gegebenheiten angepasst, ja?

JL: Ja, genau. Wir werden wohl nicht mehr so ein Leadership-Projekt neu aufsetzen, aber Frau Karrenberg ist z.B. Teil in einem Projekt, wo es darum geht, die Berufungsprozesse in der Biologie zu verändern. Da war eben auch die Frage, ob und wie man das Thema Führungsverantwortung mit reinholen kann. Dann war die Studium-Generale-Professur neu ausgeschrieben. Da war sie auch als externe Beraterin mit drin, um einen Blick auf dieses Thema zu haben. Das sind lauter so kleine Stückchen, wo wir ansetzen und das Thema dann auch platzieren. Es ist tatsächlich ein sehr großer Schritt, wenn damit angefangen wird darüber nachzudenken, in Berufungskommissionen andere Aspekte als rein fachliche auch zu berücksichtigen. Wir sind noch weit weg davon, dass das flächendeckend akzeptiert wird, aber es sind erste Schritte. Manchmal arbeiten wir jetzt eben im stillen Kämmerlein und überlegen, wo wir es platzieren können. Wir sind dabei immer im regen Austausch mit dem Personalrat, denen das alles nicht schnell genug geht und zu denen immer noch viele Mitarbeiter kommen und sich zurecht über ihre Führungskräfte beschweren. Das ist, glaube ich, nie zu ende.

MH: Gut, dann haben wir jetzt einen weiten Bogen gespannt.

JL: Ja, was mir noch einfällt. Was wir immer noch machen, um das Thema in Erinnerung zu halten, ist, diese Toolbox (Anmerkung des Verfassers: Sammlung in schriftlicher Form mit Erläuterungen zu Aspekten und Instrumenten der Führung) zu erweitern. Unsere Intention dabei ist es, den Führungskräften Werkzeuge an die Hand zu geben, die sie dann tatsächlich auch anwenden können und den Transfer von den Führungsleitlinien ein Stück weit zu unterstützen.

MH: Gut, das war alles sehr interessant und ich habe viele Schnittstellen zu dem entdeckt, was mir in meinem berufsbegleitenden Studium zum Thema Führung begegnet ist. In dem Zusammenhang ist es ja überhaupt ein Zeichen eines Wandels, dass es solche Studiengänge gibt, in denen für Schnittstellenfunktionen ausgebildet wird, die es vor einer Weile so noch kaum gegeben hat und dass ganz neue Berufsbilder entstehen, für die Managementwissen wichtig ist.

JL: Gepaart natürlich mit einem Verständnis dafür, wie Wissenschaft tickt.

MH: Genau, solche Funktionen, die dann vermitteln zwischen der Wissenschaft und der Verwaltung. Insofern schafft dieses hier dafür auch ein Bewusstsein bei den Wissenschaftlern und erleichtert dann zukünftig sicher auch die Arbeit von Wissenschaftsmanagern.

JL: (lacht) Ja, ich würde sagen, in Bereichen, wo der Wissenschaftler und der Wissenschaftsmanager beide durch unsere Programme gegangen sind, entsteht tatsächlich auch so eine gemeinsame Sprache. Das heißt noch lange nicht, dass man sich immer einig ist, aber es erleichtert, dass man an manchen Stellen das dann so stehen lassen kann und sagen kann „ja, ist ja auch verständlich, dass wir hier zu einem Konflikt kommen, da wir ja aus unterschiedlichen Rollen heraus agieren." Damit ist schon viel gewonnen.

MH: Ja, man stößt immer wieder auf Situationen und Ressentiments, dass man sich des Vorwurfs erwehren muss, dass man denen da Steine in den Weg rollen will. Da gibt es einfach manchmal divergierende Vorstellungen darüber, was machbar ist... Also dann, ich bedanke mich sehr, dass sie sich die Zeit für das Interview genommen haben.

FINIS

Entwicklungs- programm für Führungskräfte

Staffel 22

JG|U

JOHANNES GUTENBERG UNIVERSITÄT MAINZ

Anmeldung

Vorschlag durch den/die Vorgesetzte/n oder Selbstbewerbung (auf dem Dienstweg) ist möglich.

Bitte melden Sie sich mit kurzer Begründung für den Vorschlag bzw. einer **Motivations- begründung** für die Bewerbung und Angabe aller Kontaktdaten bei PA 3 an.

Anmeldeformular unter:
http://www.personalentwicklung.uni-mainz.de/Dateien/AnmeldeformularEPF21.doc

Anmeldeschluss

15.01.2017

Kontakt:

Johannes Gutenberg-Universität Mainz
Dr. Jana Leipold
Leitung Personalservice und -entwicklung
Saarstr. 21
55099 Mainz
Tel. 06131 / 39-25433
Fax 06131 / 39-22411
Email:
personalentwicklung@uni-mainz.de
www.personalentwicklung.uni-mainz.de

leadership

Ziele des EPF:

Die Teilnehmenden ...

- reflektieren und klären ihre Rolle als Führungskraft, auch im Spannungsfeld mit anderen sozialen Rollen.
- lernen wesentliche Führungsmodelle kennen und haben deren Anwendung auf die eigene Führungspraxis unter Berücksichtigung der Führungsleitlinien diskutiert.
- lernen die Bedeutung von Kommunikation als Teil der Führungsaufgabe kennen und steigern ihre Kompetenz im Umgang mit anspruchsvollen Gesprächssituationen.
- lernen wesentliche Aspekte des Konflikt- managements als Teil ihrer Führungs- aufgabe kennen, entwickeln Handlungs- optionen und probieren diese aus.
- vertiefen ihre Kenntnis der Organisation.
- absolvieren das EPF als feste Gruppe und bilden über das Programm hinaus ein Netzwerk
- arbeiten während der Module an konkreten Fällen aus ihrer Führungspraxis und lernen die handlungsorientierte Methode der kollegialen Fallberatung.
- erhalten durch eine Gesprächsrunde mit einer Vertretung der Hochschulleitung Einblick in übergreifende, strategische Themen der Universität.

Entwicklungsprogramm für Führungskräfte: Das Konzept

In den letzten Jahren haben viele Führungskräfte der Universität Mainz tiefgreifende Veränderungsprozesse erlebt. Diese haben häufig zu einer Ausweitung der Aufgabenbereiche geführt. Eine steigende Komplexität des Umfelds, in dem das Führungshandeln stattfindet, stellt zudem erhöhte Anforderungen an die Führungskräfte. Im Jahr 2011 hat die JGU im Rahmen des Projekts „JGU-Leadership" Führungsleitlinien in einem breiten partizipativen Prozess erarbeitet, die einen Rahmen für das Führungshandeln geben.

Viele - vor allem jüngere - Führungskräfte befinden sich in einem Spannungsfeld. Sie haben keine umfassende Ausbildung in der Führung und müssen gleichzeitig unter hohem Ergebnisdruck agieren. Um sie in dieser Situation zu unterstützen und gleichzeitig auszubilden, wird das hier vorliegende, dreiteilige Entwicklungsprogramm angeboten.

Zielgruppe sind Führungskräfte aus der Wissenschaft, dem Wissenschaftsmanagement und der Verwaltung.

Um einen möglichst kontinuierlichen Lernprozess zu erreichen, absolvieren die Teilnehmenden das Programm als feste Gruppe. Die Teilnahme ist an allen drei Modulen erforderlich.

Modul 1:
Ich als Führungskraft

Was ist Führung?
- Ansätze, Modelle, Orientierungsrahmen
- Handwerkszeug einer Führungskraft
- Was bedeuten Leadership und die Führungsleitlinien an der Universität Mainz?

Meine Führungsrolle
- Rollenkonzepte und Rollenkonflikte
- Spannungsfeld Fach- vs. Führungsaufgaben

Mitarbeiterinnen und Mitarbeiter befähigen durch...
- angemessenes Einsetzen und Entwickeln
- Motivieren und Setzen von Anreizen
- Steuern, Führen mit Zielen, effektivem
- Strukturieren von Prozessen

Modul 2: Schwierige
Führungssituationen bewältigen

Kommunikation als Führungskraft aktiv gestalten
- Informationsfluss steuern und partnerorientiert kommunizieren
- Partnerorientiert kommunizieren
- Den eigenen Standpunkt verbindlich vermitteln
- Leitung von (konfliktreichen) Besprechungen
- Geschlechtsspezifisches Kommunikationsverhalten

Konflikte bewältigen:
- Konfliktphasen und Interventionsmöglichkeiten
- Strategien zur Konfliktbearbeitung
- Die Führungskraft als Vermittler
- Umgang mit Widerstand

Modul 3: Führung von
erfolgreichen Teams

Teamsteuerung
- Merkmale erfolgreicher Teams
- Teamentwicklungsphasen und Führungshandeln
- Teamrollen
- Strukturierung von Arbeitsprozessen in Gruppen

Führung im Spannungsfeld zwischen Team und Leitung
- Unsicherheit aushalten
- Handeln in einem komplexen Umfeld

Führung und Persönlichkeit

Persönliche Lernbilanz und Feedback

Termine: (jeweils 2,5 Tage)

Modul 1: 01.03. – 03.03.2017
Modul 2: 28.06. – 30.06.2017
Modul 3: 25.10. – 27.10.2017

JOHANNES GUTENBERG
UNIVERSITÄT MAINZ